子どもの「できた！」が増える アイデア集

特別支援学級の
教室環境&
アイテム

いるかどり 著

はじめに

　本書を手に取っていただき，誠にありがとうございます。

　この本は，「子ども達が安心して過ごせる空間にしたい」「子ども達が主体的に行動し，自分でできる喜びを感じられる空間にしたい」「子ども達が効果的に学習できる空間にしたい」と考える先生へ向けた教室環境をテーマにした本です。本書を通し，「子ども達一人ひとりが安心して生活・学習できる居場所づくり」を目指すきっかけになれば幸いです。

子ども達が安心できる居場所づくり

　子ども達が安心できる教室には，いくつかの共通点があります。
　□教室の中に自分の机・椅子がある（自分のスペースが確保されている）
　□教室の中に自分のロッカーや作品掲示スペースなどがある
　□自分で生活・学習することができる（学習や活動に参加できる）
　□困ったときに教師や友達に援助を求めることができる
　□視覚や聴覚などの刺激量が調整されている（調整することができる）
　□気持ちが不安定なときに，それを受け止めてくれる空間がある
など，子ども達一人ひとりの存在を認められる空間を目指しましょう。

子ども達と相談をしながら教室環境（人，もの，空間）を整える

　本書では，特別支援学級や特別支援学校の実践から，子ども達が主体的に生活・学習できる環境を紹介しています。その中の多くは，物的環境の視点からアイデアを紹介しています。物的環境が集まることで空間的環境がつくられるということを忘れずに，「本人」と「学級児童全員」が過ごしやすい環境を整えていきましょう。誰かにとっての支援が，他者にとっての生活や学習の妨げにならないように，教室で過ごす全員で相談をすることが大切です。環境調整の視点から持続可能な教室環境づくりをしましょう。

〈人的環境〉
　　□誰かにとって過度な負担になっていませんか？
　　□公平性のある声かけになっていますか？
〈物的環境〉
　　□教材が重たい，異臭がする，尖っているなど，危険がなく安全に使用することができますか？
　　□過度にお金がかかっていませんか？
〈空間的環境〉
　　□子ども達が，それぞれを認め合える雰囲気になっていますか？
　　□支援に過度な時間がかかっていませんか？

５分間で一日の振り返りをしよう

　初任の頃から可能な限り毎日続けていることがあります。それは，一日の最後に５分間「〜しながら清掃する」ことです。子ども達が下校したあとの教室で，清掃時間を設けると驚くほど指導効果・効率がアップします。

　「Ａさんは〜の教材に喜んでいたな」「Ｂさんは習い事で急いでいたから忘れ物をしたのかな」「〜の角に傷ができているから修正してみよう」など，授業や子ども達の様子を振り返りながら，明日の授業計画を考えながら，明日に子ども達を迎える準備を進めます。

　①教師の机は，書類や教科書を出しっぱなしにしてないか

　②テレビやスクリーンに，ほこりはたまっていないか

　③タブレットは充電されているか

　④児童机や椅子は，指定の場所にあるか

　⑤教材は，指定の場所にあるか

　⑥学年目標や学校目標，時計などは傾いていないか

　⑦当番活動や係活動の掲示は，準備されているか

　⑧作品は掲示されているか，画鋲はとれていないか

　⑨ロッカー棚などに破損はないか，不要なものを置いていないか

など，清潔感のある教室を意識しながら，教室環境を通して指導全体を振り返り，子ども達の成長を願いながら，明日の指導にいかしていきましょう。

教室環境を整えることが，学級運営の基盤になる

　整理整頓された教材，整った児童机，スムーズに取り出すことができる学習道具など，教室環境が整うと教師や子ども達の心が整い，安定した学級運営を可能にします。

　子ども達が「自分でできた経験」をたくさん積み重ねることができる環境を目指し，定期的にアップデートをしましょう。

　学級で過ごす全員が安心・安全な教室環境で過ごし，心身の健康的な発達ができるように，日々努めていきましょう。

　本書を通して「子ども達と相談をしながら取り組んできた教室環境の実践」が読者の皆様のお役に立てたら幸せです。

　今日も子ども達のために本書を手に取り，教室環境を研究している。そんな，あなたのことが大好きです。

　子ども達の笑顔のために，これからも同じ時代を生きていきましょう。

　すべては子ども達のために，たくさんの愛を込めて……

著者　いるかどり

特別支援学級の教室環境デザイン

学級の実態に合わせてレイアウトしよう

自閉症情緒障害特別支援学級（8名在籍）の場合

キーワード 個人用机，各スペース，ロッカーの配置

　特別支援学級の教室環境を考えるときには，学年や障害種別で画一的にレイアウトするのではなく，在籍する子ども達の実態に合わせてレイアウトを考えていきましょう。仮に，在籍児童及び児童数が変わらなかったとしても，新しい学習内容，心身の成長，興味関心の移り変わりなど，子ども達は成長を続けています。よって，教室環境について毎学期末には評価・改善をすることが望ましいと考えます。

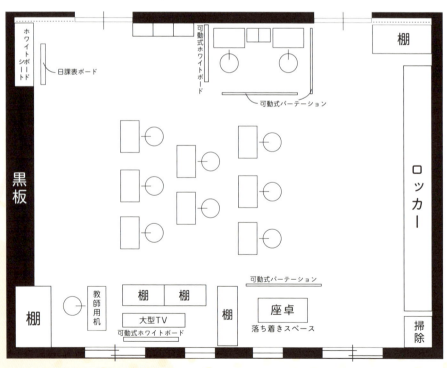

用途によって
チョークの太さを選ぼう

広々学習ができる
天板拡張

教室の中でリラックスできる！
落ち着きスペース

学習効率アップ
集中スペース

自分で提出することができる
横置きボックス

予定がわかり見通しがもてる！
みんなの予定表［持ち物・めあて］

特別支援学級の教室環境デザイン

実生活をイメージした教室環境をつくろう

知的障害特別支援学級（4名在籍）の場合

キーワード 冷蔵庫，洗濯機，作業台，ハンガーラック，日常生活

　全国には，教室の中に冷蔵庫や洗濯機，ハンガーラックなどが設置されている学校や，天井にカーテンレールが備えつけてあり，教室の中に更衣室をつくることができる学校もあります。それぞれの学校の設備をいかした教室を，子ども達の実態に応じてデザインしていくことが大切です。冷蔵庫や洗濯機などは，日常生活の指導や生活単元学習で使用する頻度が高いので，子どもたちの動線をイメージしながら配置をします。

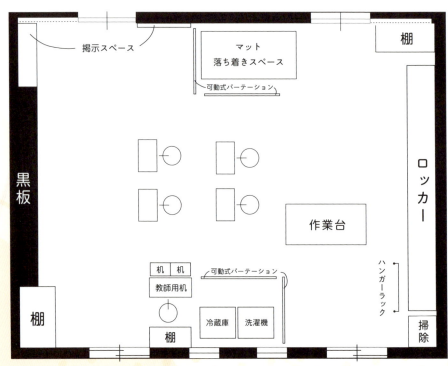

学習内容によって
グループを分けよう

自閉症情緒障害特別支援学級（8名在籍）の場合

キーワード 授業，進度別グループ学習，可動式ホワイトボード

　実際の授業を展開する際には，教師1名に対して最大で8パターンの学習内容を同時進行していく必要があります。もしも，学級の実態として，3グループ程度に編成することができる場合には，黒板やホワイトボードなどを活用して，グループごとの板書で授業を進めることがおすすめです。授業では，前時の振り返りや教師の説明，自力解決などの時間配分をすることで，全グループに関われるようにします。

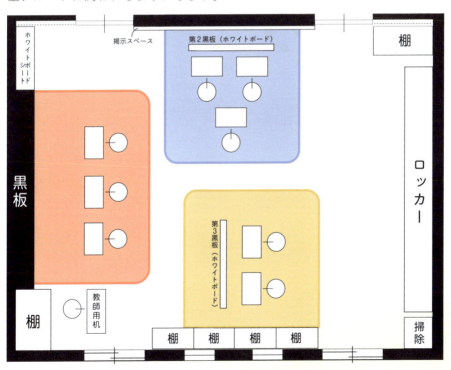

特別支援学級の教室環境デザイン

個別と全体のよさをいかしてデザインしよう

自閉症情緒障害特別支援学級（6名在籍）の場合

キーワード みんなで活動スペース，個別で学習スペース

　学級の実態に応じ，全員に個別で学習をするスペースを整え，机や椅子，教材棚などをそれぞれに用意することは，非常に効果的です。しかし，空間的環境では，学級集団も大切にしなければなりません。45分間すべてが個別の学びのみにならないよう，授業の中で全員が集団で過ごす時間を設定し，子ども同士が関われるようにします。「みんなで活動スペース」がその例です。個別と集団のよさをいかすことが大切です。

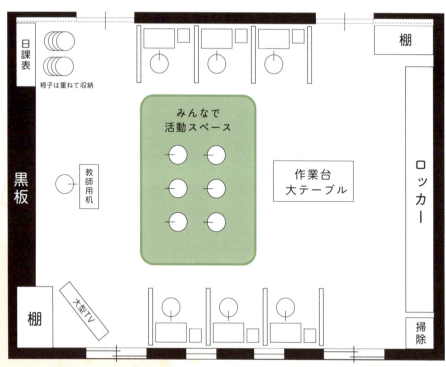

学級をイメージしながら書き込んでみよう

ワークスペース〈コピー可〉

学級名・人数

キーワード　導線・動線，座席数，実態，学習進度，各スペース　など

あなたの目の前の子ども達を想像しながら，安全・安心な教室環境をつくってみましょう。児童数はもちろん，実態や各スペースの必要性などを考えながら環境を整えていきます。四方の壁面も計画的・効果的に活用します。

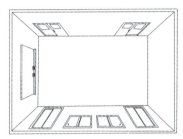

個別支援が行いやすい
児童用机まわりのアイデア

子ども 自分の学習に集中することができる
教師 子ども達のペースに合わせた個別指導をすることができる

教師と子どもの動線をスムーズにするポイント

☐ 教師机にすべての教材を置かず，子どもが使用する場所のそばに置いている
　➡ 使用する子どものそばに収納できると取り出しがスムーズになる

☐ 児童机の間は2名分の人数が通れる幅がある
　➡ 子ども達同士がすれ違うことができる幅があることで，ぶつかってケンカになるなどのトラブルを予防する

☐ 教材は支援が必要なときのみ使用できるようになっている
　➡ 支援が必要のないときには，不要な刺激がなくなるように収納できる環境を整える

☐ 授業中，子ども達は最小限の移動で教材を使用することができる
　➡ 教材を取りに行くために移動をすると気が散ってしまうことが予想できるため，児童机のそばに置く

☐ 教材が子ども達にとって安心できるデザインになっている
　➡ 教材を使用するときには，本人と相談をして安心できるデザインにする

　教師がスムーズに動くことができると，子ども達の待ち時間が減ります。子ども達の動線がスムーズになると学習時間・活動時間が増えます。児童用机を効果的に使用して，教材の収納と効果的な学習の両立を目指しましょう。

個人用教材収納ボックス

　タイムタイマーやミニ指し棒など個別で使用する教材がある場合には，児童用机にマグネットで小さいボックスをつけると便利です。教材の収納場所が明確になり，使用したいときにすぐに教材を使用することができます。

集中してますボード

　子ども達が集中していて，あえて「教師に話しかけてほしくはない」という場面で使用します。養生テープなどで机の前方に貼っておき，必要なタイミングでボードを立てて使用できるようにしておきます。

机のすみにミニボックス

　机のすみに置く小さなボックスです。折り紙や画用紙などで簡単に作成することができます。子ども達の実態に応じて，消しゴム，消しカス，おはじき（学習進度の確認），ご褒美シールなど，臨機応変に使用することができます。

子どもの見やすさに配慮した板書の極意

子ども 板書が見やすくなることで学習内容を把握できる
教　師 子ども達全員が見える板書を書くことができる

 子ども達に確認しながら板書計画を考えるポイント

☐情報量が精選され，シンプルな板書になっている
　➡書き過ぎに気をつけながら，文字や写真の量を調整する
☐レイアウトのパターンが授業によって明確である
　➡書きはじめの位置など，パターンを決めるとスムーズに視写できる
☐子ども達が見えるチョークの色を使用している
　➡赤や朱色，黄色やクリーム色など，見える色を確認する
☐全員が見える位置に板書している
　➡座席が前方，左右，後方で見え方が違うので，全員に確認をする
☐時間を短縮できる教材が用意されている
　➡めあてやまとめの表示など，毎時間使うものは事前準備をする
☐黒板用の三角定規やコンパスなどが用意されている
　➡校内で連携をして，学級に1セットずつ用意する
☐子ども達が参加できるように教材が用意されている
　➡ホワイトボードや踏み台などを整えて参加できるようにする

　板書は，授業づくりにおいて重要な役目があります。黒板，チョーク，黒板消し，レイアウトなどを併せて効果的に整えていきます。

用途によってチョークの太さを選ぼう

　チョークには，様々な太さがあります。例えば，マス目を書いたり，細部を丁寧に表現したりするときには，細いチョークを使用します。子ども達と相談して文字の大きさや板書の位置を整え，全員が見えるように書きましょう。

 ## 子ども達が見えるチョークの色を使おう

　一人ひとり見える色，見えやすい色が違います。赤や朱色などを見比べてみましょう。色チョークを使用するときには，学級の子ども達と確認をして，色チョークが見えているか，色の違いを認識することができているか確認をします。

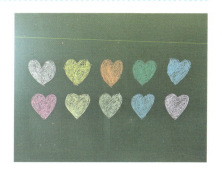

 ## 黒板消しのサイズを調整しよう！

　黒板消しには，様々なサイズがあります。黒板をすばやく消したいとき，細かい部分を消したいときなどに使い分けると便利です。また，大きな黒板消しは，両手で持つことができて消しやすいので，子ども達にもおすすめです。

持続可能な支援を行うための 教材制作時短スキル

子ども 安全な教材を使用することができる
教　師 制作の作業時間が短縮でき，子ども達と過ごす時間が増える

✿ 安全性をアップするポイント

☐ ラミネート加工をしたときには，角を丸くする

☐ マグネットを使用してホワイトボードなどで教材を使用するときには，両面テープなどでマグネットを貼り，その上からセロハンテープを貼る

☐ ラミネート加工した教材の裏にフェルトを貼ると，高さが出てつまみやすくなる

✿ 制作作業効率をアップするポイント

☐ 紙はまとめて複数枚切る

☐ 紙をまとめて複数枚切るときには，ホチキスで留める

☐ カッターとカッターマットはセットで使う

☐ シンプルなデザインを心がける

☐ 学年で作業を分担する

☐ 型紙を作成した場合は，ストックしておく

☐ 子ども達に相談する

> 時間割カードなど，子ども達が使用する教材をたくさん作成するときには，使用する際の安全性を第一に考えながら，効率よく作成できる方法を考えていきましょう。

ラミネート加工したときには，角を丸くしよう！

　子ども達が手で持って操作をする教材は，安全に使用することができるように配慮をします。画用紙や普通紙をラミネート加工したときには，尖っている角を丸く切り落とすことで安全に使用できるようにします。

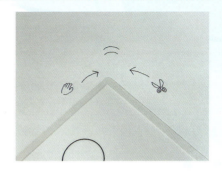

 ## 型取りは，ホチキスを使って一番上の紙だけに描こう！

　同じ形の画用紙や折り紙が必要なときには，複数枚をまとめてホチキスで留めます。ホチキスで紙をまとめることで，必要枚数分すべての型どりをせずとも，一度の型どりで同じ形を量産できるようになります。厚紙などでつくった型紙は，次回のために残しておきます。

 ## 同じ形をつくりたいときには，ハサミでまとめて切ろう！

　同じ形の紙を用意したいときには，ハサミでまとめて切ります。画用紙であれば4枚，折り紙であれば8枚など，まとめて切れる枚数ずつホチキスで留めて固定します。切るときに紙がズレてしまう場合は，ホチキス留めの数を増やします。

CONTENTS

はじめに	002
特別支援学級の教室環境デザイン	006
個別支援が行いやすい児童用机まわりのアイデア	012
子どもの見やすさに配慮した板書の極意	014
持続可能な支援を行うための教材制作時短スキル	016

特別支援学級の教室環境＆アイテム
子どもが学びやすくなるアイデア

新学期スタート

01 １年間が楽しみになる
入学・進級メッセージ 024

02 自分のペースで学校生活を送る
ベストな座席配置 026

03 整頓する場所がわかる
ロッカーの名前表示 028

04 自分の場所や荷物の場所がわかる
マイケース＆カラー 030

05 交流学級の予定が一目でわかる！
週予定表の掲示 032

教室レイアウト

06 興味関心を広げる
廊下掲示 034

07 安心感のある居場所をつくる
ダンボールの家 036

08	学習効率アップ **集中スペース**	038
09	教室の中でリラックスできる！ **落ち着きスペース**	040
10	学習道具をのびのび置ける **個人机2台設置**	042

机と椅子

11	鉛筆や消しゴムが落ちなくなる **透明な壁**	044
12	広々学習ができる **天板拡張**	046
13	使い方をアレンジして学習効率アップ **透明シート**	048
14	読書のときに目線を上げて姿勢が整う **角度調整**	050
15	椅子のギーギー音が聞こえなくなる **テニスボール**	052

**個人の
スペース**

16	自分だけの場所が理解できる **床に色テープ**	054
17	机の上に立てるだけでやることがわかる **透明ボード**	056
18	半透明で収納場所が一目瞭然！ **お道具袋**	058
19	自分で学習を進めることができる **選べる学習引き出し**	060
20	自分で学習を進めることができる **「おわり」がわかる学習引き出し**	062

見通し

21　予定がわかり見通しがもてる！
みんなの予定表［日課］ ……… 064

22　予定がわかり見通しがもてる！
みんなの予定表［持ち物・めあて］ ……… 066

23　クラスの友達の予定がわかる
一緒にマナボード ……… 068

24　自学級と交流学級の時間割を把握できる
交流ボード ……… 070

25　朝の準備がスムーズになる
持ち物原寸大シート ……… 072

26　見通しがもてる
身支度ルーティン ……… 074

27　授業準備へのやる気アップ大作戦！
ごほうびボード ……… 076

28　音が鳴らない！使用者だけがわかる
光タイマー ……… 078

29　授業の進度に見通しがもてる
いまここカード・おわりカード ……… 080

30　時刻や時間を意識できる
くだもの大好き時計 ……… 082

季節感

31　ぽんぽん咲かせよう
春の壁面製作 ……… 084

32　クラスカラーの花びらいっぱい
満開の桜 ……… 086

33　つくって夏を感じよう
海をテーマにした夏の壁面製作 ……… 088

34　迫力満点
花火！お花畑！七夕の吹き流し！ ……… 090

35 おしゃれに飾ろう
秋の壁面製作 ………………………… 092

36 まるで美術館のように飾る立体掲示
秋の空 ………………………… 094

37 窓に飾って光できれい！
風船ランプシェード ………………………… 096

38 パーティーをしよう
クリスマス飾り ………………………… 098

学 習

39 さっと使えてわかりやすい
黒板用カード ………………………… 100

40 必要なときにメモが書ける
机の横にホワイトボード ………………………… 102

41 床の上でも整頓しながら学習できる
書写用シート ………………………… 104

42 落ち着いて授業に参加できる
感触チューブ ………………………… 106

43 集団の中でもスムーズに学習できる
教室の導線と動線 ………………………… 108

44 自分の作品を飾って嬉しい
個別作品掲示スペース ………………………… 110

45 学校のみんなに認められる経験を積む
校内展示スペース ………………………… 112

46 注目してほしい場所がわかる
矢印棒 ………………………… 114

47 指さしで気持ちを伝えることができる
気持ちメーター ………………………… 116

48 忘れ物をしても安心して授業に参加できる
貸し出しボックス ………………………… 118

家庭学習と 提出	49	自分で提出することができる **横置きボックス**	120
	50	省スペースですっきり置ける **縦置きボックス**	122
	51	用途ごとに分けてわかりやすい **家庭用ファイル**	124
収 納	52	もっと本が読みたくなる **本立て・本棚**	126
	53	貼るだけでわかる **テープ目印**	128
	54	立体的に整理ができる **お道具箱に間仕切り板**	130
	55	見本を見て入れるだけで整頓できる **お道具箱見本シート**	132
	56	忘れ物を予防する **どこにあるかな確認シート**	134
	57	授業をスムーズにする **教材棚**	136
年度末	58	廊下を歩くだけで笑顔になる **桜並木**	138
	59	子ども達への愛情たっぷりメッセージ **黒板アート**	140
	60	愛情たっぷり感謝いっぱい **祝福の壁面製作**	142

特別支援学級の教室環境&アイテム

子どもが
学びやすくなる
アイデア

新学期スタート

教室レイアウト

机と椅子

個人のスペース

見通し

季節感

学　習

家庭学習と提出

収　納

年度末

01 新学期スタート

1年間が楽しみになる
入学・進級メッセージ

🌼 指導・支援のポイント

- 文字や写真で担任教師の名前を知る
- 壁面製作や黒板アートで1年間の学校生活に期待感をもつ
- 新しい自分の座席を確認して入学や進級の喜びを感じる

🌼 清潔感のある教室と座席を意識しよう

　新年度がはじまり，子ども達が教室に気持ちよく入ることができるように教室環境を整えます。黒板や座席配置を考えつつ，清潔感のある環境になるように，細部まで清掃をしておくことが大切です。私たち人間は，無意識のうちにきれいなものは大切に使おうとします。新しい名札，きれいな机，窓やドアの上など，清掃をして空間が明るくなるようにしましょう。

🌼 あたたかい雰囲気で子ども達を迎えるメッセージ黒板

　子ども達は，新しい担任や教室に期待感をもつと同時に，新しい学校生活への不安もあります。新生活を安心して過ごせるように，まずは，担任教師の名前や顔を覚えられるようにしましょう。また，子ども達が自分や友達の入学・進級，成長が感じられるような黒板をデザインして，4月を迎えましょう。

入学・進学おめでとう！子ども達の座席を準備しよう

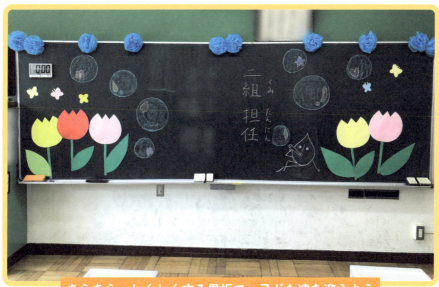

きらきら・わくわくする黒板で，子ども達を迎えよう

新学期スタート

02 新学期スタート

全体

自分のペースで学校生活を送る
ベストな座席配置

🌸 指導・支援のポイント

- 子ども達の動線を意識した座席配置で，未然に事故を予防する
- 学級の実態に応じた座席配置にすることで効果的な授業をする
- 自分のスペースを確保したい場合には，座席の間隔を広げる
- 必要に応じて教師の支援が届くように，座席を前方に集める

🌸 活動スペースが確保できる！のびのび座席配置

　朝の体操を行ったり，荷物の整理整頓をしたり，スペースが広いとのびのび活動することができます。座席間隔を広く設定することで，動線をスムーズにすることもできます。新年度は座席間隔を広めに配置して，子ども達同士がぶつからないようにします。

🌸 落ち着いて支援ができる！連結机

　副担任や支援員（補助員など自治体によって名称は様々）が配置されている場合には，大人も座って支援をすることで，落ち着いた雰囲気をつくることができます。その際，子ども達の机と机を連結するように設置し，そこに副担任や支援員が座ることで，授業中の迅速な支援に加え，子ども達への行動の模範を示すことができるようにします。

座席の間隔を広くとり，のびのびと学習をするスタイル

新学期スタート

連結机

教室前方座席配置，教師や黒板との距離が近いスタイル

03 新学期スタート

整頓する場所がわかる
ロッカーの名前表示

❁ 指導・支援のポイント

- ひらがなで理解できる場合は，ひらがなをロッカーに貼る
- イラストで理解できる場合は，イラストをロッカーに貼る
- 写真で理解できる場合には，物の写真をロッカーに貼る
- それぞれの子ども達が理解できる表示をする

❁ ひらがなやイラストがあると自分で収納できる

　視覚支援をする場合には，子ども達が理解できる情報を取り入れることが大切です。また，イラストでの表示が実態に合っているが，子どもはひらがなに興味関心を示している場合には，イラストとひらがなの両方の情報で示すことで，ひらがなの学習につなげ，ひらがなを生活の中で使おうとする意欲を高めていきます。

❁ みんながわかるロッカーの名前

　自分だけでなく，友達のロッカーの位置もわかることで，収納する際の間違いを予防します。また，当番活動やお手伝いの幅が広がります。年度当初は顔写真も一緒に貼ることで，名前と顔が一致するようにします。

物の名前，収納位置がわかる！整理整頓がやりやすい

使用者の名前

ロッカーの使用者がわかるように，名前を貼ろう

新学期スタート

04 新学期スタート

自分の場所や荷物の場所がわかる
マイケース & カラー

❀ 指導・支援のポイント

- ケースを使用することで，学習道具が散らばることを予防する
- ロッカー上段部分を作品保管用にし，作品を飾ることで満足感を感じる
- 色を理解できる強みを活用して，色テープでロッカーを区切る

❀ ぴったり整頓できる！マイケースを活用しよう

　ケースを使用することで，学習道具を取り出すときに，自分の机までケースごと運ぶことができます。広いスペースで物を探したり，整えたりすることができます。収納するときも，ケースごとロッカーに入れるだけで，簡単にぴったり整頓することができます。

❀ 色テープで自分のロッカーがわかる！マイカラー

　ひらがなやイラストで判断することが難しい場合には，一人ずつ色を変えた色テープで使用する位置を囲ってみると理解しやすくなります。色が理解できる子であれば効果的です。マスキングテープを使用するとやわらかい印象で貼ることができます。また，マスキングテープは剥がしたときに後が残りにくいです。そのため，ロッカーが必要なくなったときにすぐに対応することが可能です。

ケースを使うと,出すとき簡単！ぴったり整頓

新学期スタート

自分の色で場所がわかる「マイカラーロッカー」

05 新学期スタート

交流学級の予定が一目でわかる！
週予定表の掲示

指導・支援のポイント

- 交流学級の週予定表を掲示することで帰属感をもつ
- 週予定表を貼ることで1週間の見通しをもつ
- 教師も見える場所，子ども達の目線で見やすい場所に掲示をする
- それぞれの予定を確認することで，授業の参加人数を確認したり，声をかけ合ったりして，人間関係の形成を目指す

顔写真や目標を貼って高め合う学級づくり

　毎日目にする場所に，学期ごとの目標を決めて掲示をしておくと，目標に向かって取り組む活動・行動が継続しやすくなります。子ども達の実態に合わせて記入する用紙を作成します。

学級の一員として学校生活を送ろう

　交流学級（地域によって名称は様々）の週予定表を掲示することで，交流学級の時間割や持ち物を確認することができます。自学級の週予定表も，すぐに確認ができるように近くに掲示をします。また，週予定表の配付漏れを防ぐ効果もあります。自学級と交流学級のどちらにも自分の居場所があるのだと感じることができるように，環境を整えていきましょう。

顔写真と並べて週予定表を掲示しよう

みんなが目にする場所に掲示するとわかりやすい

新学期スタート

06 教室レイアウト

興味関心を広げる
廊下掲示

❀ 指導・支援のポイント

- 教室の周辺にある廊下の壁を有効活用することで，子ども同士がぶつかることなく，広々とした空間で掲示を見ることができる
- 学校で指定された学年カラーがある場合は，画用紙の色を統一することで，子ども達の混乱をさけることができる
- 教室環境を通して，自分や友達の身体の成長に興味をもち，喜びを感じることができる

❀ 廊下でゆったり掲示！学年だよりコーナー

　学校の行事や学年の学習・活動などの情報が記載されている手紙を廊下に掲示することで，広いスペースで落ち着いて見ることができます。教室内に掲示スペースが残っていないときや視覚刺激を軽減したいときにおすすめです。

❀ 自分の身体に興味をもつ！簡易身長計

　教室の前などに色テープを貼り，高さを記入することで簡易身長計を作成することができます。教師や友達と一緒に成長の喜びを感じることができる工夫の一つです。

廊下の壁スペースにゆとりの掲示

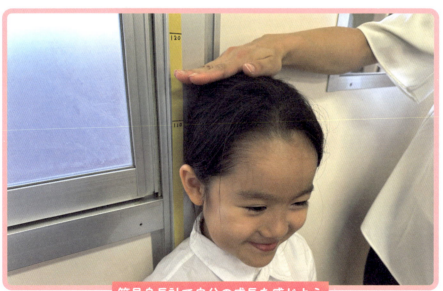
簡易身長計で自分の成長を感じよう

07 教室レイアウト

安心感のある居場所をつくる
ダンボールの家

🌸 指導・支援のポイント

- 視覚刺激を調整することで安心感を得られるようにする
- ダンボールの大きさを徐々に小さく（フェードアウト）することで，周りの環境を受け入れる素地をつくる
- 過剰な支援にならないよう，必要なときに必要な分の支援をする

🌸 感覚過敏に対応する居場所づくり

　子ども達の実態として「感覚の過敏さ」がある場合に効果的な環境設定です。感覚過敏があると，例えば，他者に触られるのを極度に嫌がったり，大きな声や音を怖がったりします。人が大勢いる場所（視覚情報が多い）を嫌がる場合もあります。まずは，自分だけの安心できるスペースを確保することが大切です。

🌸 子どもにとって必要な支援を「必要なだけ」しよう

　ダンボールの大きさを変え，教室移動の際に持ち運び，その場所で設置します。例えば，体育館の端に設置することで，広いところでも自分の居場所があることが安心感につながります。徐々に支援を減らし，ダンボールの底部分だけのシートにするなど，必要な支援を必要なだけすることが大切です。

036

体がすっぽり入る大きさで視覚刺激を調整しよう
上部が空いているので，必要なときに中から外の情報を得ることができる

体の一部が外に出るミニ版
教室移動の際に，持ち運んで使用

教室レイアウト

08 教室レイアウト

学習効率アップ
集中スペース

🌸 指導・支援のポイント

- 空間を区切ることで集中力が向上する
- 視覚刺激や聴覚刺激が軽減し，落ち着いて授業に参加することができる
- 使用する人数によってスペースを広げたり，狭くしたりできることで，学習に集中できる空間づくりをする

🌸 タイマーや引き出し棚などを置いてカスタマイズしよう

　子ども達の実態に応じてタイムタイマー，引き出し棚，ファイルボックス，イヤーマフ，椅子の脚に消音グッズなどを用意した空間づくりをします。物的環境が集まることで，よりよい空間的環境をつくり出すことができるので，使用する子ども達と一緒に環境を整えていきます。学習をすることが目的であることを忘れないように伝えていくことが大切です。

🌸 教師の存在を感じることができる空間づくり

　空間を区切るときには，前後左右や上のどこかを空けるなどして，子どもが教師の声や姿を確認できるようにします。教師から子ども達が確認できることも大切です。安全な生活や学習を目指してパーテーションなどを選びましょう。学習が終わったときに教師に合図する方法も事前に相談します。

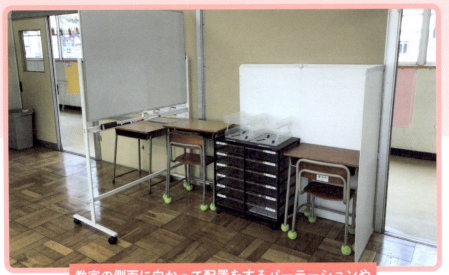

教室の側面に向かって配置をするパーテーションやホワイトボードで空間をつくろう

パーテーションを2台使用することで，自分だけの空間をつくることができる
前後に配置をしたり，左右に配置をしたり，子ども達と相談をしながら，集中して学習に取り組める空間をつくろう
設置場所を変えることができるように，パーテーションはキャスターつきがおすすめ

教室レイアウト

09 教室レイアウト

教室の中でリラックスできる！
落ち着きスペース

❀ 指導・支援のポイント

- 悲しいときやイライラするときに，自分のペースで気持ちを切り替えることができる
- 好きなものに囲まれることで気持ちの切り替えを支援する
- 休み時間には教師や友達との憩いの場になり，落ち着きスペースを通して楽しい経験を積むことができる

❀ 一人になりたいけれど，同じ空間にいたい！を叶える空間

　悲しいときや怒っているときには，一人になりたいと感じることがあります。床マットに寝転がってみたり，深呼吸をしたりするなど，気持ちを落ち着かせることができる空間をつくります。授業中や休み時間など，学校生活全体を通して，使用するときの約束（担任に声をかけてから使う　など）を明確にしておきます。

❀ 子ども達の「好き」で気持ちの切り替えを支援しよう

　教師や友達と一緒に遊んだボードゲーム，好きな色の折り紙，馴染みのある絵本など，子ども達の好きなものを用意しておくことで，気持ちを切り替える時間を短くできるように支援します。

教師用机の近くに設置すると声がかけやすい

子ども達の好きな絵本や折り紙を設置して
気持ちの切り替えを支援しよう

教室レイアウト

10 教室レイアウト

学習道具をのびのび置ける
個人机2台設置

🌸 指導・支援のポイント

- 机上の学習道具を落としやすいなどの困り感には，机上のスペースを広げてのびのびと学習できるようにする
- タブレットを使用するときには前後配置，絵の具セットを使用するときには横配置など，学習内容によって机配置を変更することで，スムーズに学習できるようにする

🌸 「わざとじゃないのに落としちゃう」を支援しよう

　ボディイメージをもつことが難しいと，わざとではないのに，腕が学習道具にぶつかり床に落としてしまうなどの様子が見られます。学習できる机上のスペースを広げることで，腕がぶつかってしまうことを防ぎます。

🌸 のびのびスペースで楽しく授業に参加できる

　机上の面積を広げることで，学習道具をゆとりをもって置くことができます。教科書・ノート・タブレットを同時に使用するときなど，2台の机を使用することで，学習道具を安定して置くことができます。子どもが座った状態で手の届く範囲に机を配置し，落ち着いて学習できるようにします。

絵の具セットや参考資料などを横に置いて学習できる

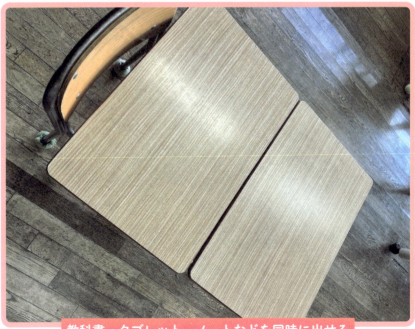

教科書，タブレット，ノートなどを同時に出せる

教室レイアウト

043

11 机と椅子

鉛筆や消しゴムが落ちなくなる
透明な壁

指導・支援のポイント

- 壁をつくることで学習道具が落ちにくくなる
- 鉛筆1本，消しゴム1個など，使用する道具を厳選することで，机上に筆箱があると遊んでしまうなどの困り感に予防的支援をする
- 置く場所を決めることで，鉛筆や消しゴムを探す時間をなくす

授業に参加できる時間を増やす！透明な壁

　机上から鉛筆や消しゴムが落ちてしまうことがあります。落ちて転がってしまった鉛筆や消しゴムを拾うために床を探していると，授業が進んでいて内容がわからなくなってしまっていたという様子が見られる場合には，透明の壁を取りつけることで，学習道具が落ちないようにします。サイズや形状には様々なものがあるので，子ども達が集中できるものを選びます。

鉛筆や消しゴムが迷子にならない！ココ置くテープ

　鉛筆や消しゴムをどこに置いたかがわからなくなってしまうことがあります。そんなときには，ホワイトボード用のラインテープや細いマスキングテープなどで，置く場所が明確になるようにします。学習の邪魔にならない場所に設定し，透明な壁と併用することで落下を防ぎます。

＊リビガク　テーブルマット（ソニック）

シートと一体になったタイプの壁で鉛筆落下を防止しよう

＊机の落下防止バー　直角タイプ（アスカ）

細いテープを貼って鉛筆や消しゴムを置く場所を明確にしよう

机と椅子

12 机と椅子

広々学習ができる
天板拡張

🌸 指導・支援のポイント

- 学習スペースが広がることでのびのびと学習することができる
- 透明シートやパーテーションも同時に取りつけることができるため、柔軟な対応ができる
- 必要がなくなったときには、取り外しができるため、実態に合わせてステップアップできる

🌸 空間を広くすることでのびのび学習できる環境にしよう

　タブレットを見ながらワークシートに記録をしていくなど、机を広く使いたいときに効果的な教材です。前方と左右には壁があるので、鉛筆などが落ちにくいです。また、特別支援学級の児童数であれば、全員の机に取りつけたとしても、十分に歩行するスペースを確保できました。

🌸 必要に応じて複数の教材と同時に使用しよう

　机の前方に取りつけるモデルの中には、工具がなくても取り外しが簡単にできるものがあります。透明シートを挟んでも使用できるため、飛沫防止のパーテーションを設置することもできました。子ども達の実態や活動内容に合わせて複数の教材を同時に使用しましょう。

＊天板拡張くん（ティーファブワークス）

天板を拡張することで学習スペースが広がる

鉛筆などが落ちないように，前方や側面は壁になっている

机と椅子

13 机と椅子

使い方をアレンジして学習効率アップ
透明シート

🌼 指導・支援のポイント

- 触覚にアプローチすることで授業中の道具遊びを予防する
- 軽くて安全な教材を使用することで安全に学習できるようにする
- 週予定表や九九表などをシートの下に入れることで，活動や学習の内容を思い出せるようにする

🌼 垂らすように使用すると便利なシート

　無意識のうちにお道具箱に手を伸ばし，ハサミやのりで遊んでしまう場合には，取り出すことが難しい環境を意図的につくります。今回は，透明シートを折り返すことで，机の中やお道具箱に手を入れるのが難しくなるようにしました。手遊びが減ったことで，集中力が向上しました。

🌼 透明の利点をいかして情報を机上に残そう

　子ども達が忘れたくないもの，使用頻度が高いものなどを透明シートの下に入れます。例えば，週予定表や九九表，ローマ字表などです。提出期限のあるプリントや手紙を入れておくことで，忘れを予防することができます。教師も確認できるので，児童机に情報が残されていると声かけがスムーズになります。

シートをお道具箱の前に垂らすことで，道具遊びを予防しよう

予定表や九九表を挟むなど，透明という利点をいかそう

机と椅子

14 机と椅子

読書のときに目線を上げて姿勢が整う
角度調整

🌼 指導・支援のポイント

- 目線を上げることで,姿勢が整うようにする
- 教科書や絵本の角度を調整することで,読む際に疲れにくくなり,自分で読もうとする意欲の向上を図る

🌼 机の角度を調整して,読み書きをスムーズにしよう

　子ども達が読書をするとき,机の上に置いてある教科書などに目を近づけている様子が見られたら,机の角度を斜めにして顔や体が下を向かないように支援します。本を両手で持ちながら読書をするように指導する際は,右上の写真のように教科書を広げた幅と同じくらいのサイズがおすすめです。書く学習で使用するときには,木製のものなど,安定して書くことができるツールを選びましょう。

🌼 本立てを活用して,本を立てて読めるようにしよう

　100円ショップでは,様々な形の本立てを見かけます。軽くて丈夫なものを選んで使用しましょう。教科書を立てると,すぐに閉じてしまう場合は,本を開く専用のクリップも市販されているので,同時に活用すると便利です。両手で本を持ちながら読めるように指導をします。

＊リピガク　いつでもどこでもマイデスク　クッション付（ソニック）

机の上に置いて角度を調整できる

本を立てておくことで，目線が下がらない

机と椅子

051

15 机と椅子

椅子のギーギー音が聞こえなくなる
テニスボール

🌼 指導・支援のポイント

- 椅子を動かした際に鳴る「ガタガタ，ギーギー」音を軽減することで，聴覚過敏の子はもちろん，全体へ聴覚的配慮をすることができる
- 座ったときに姿勢が崩れてしまい，何度も椅子の位置を直している場合には，姿勢保持と消音効果のある教材を同時に使用する

🌼 消音効果で全員が過ごしやすくしよう

　子ども達が一斉に椅子を動かすと大きな音が発生してしまいます。また，授業中の静かなときに椅子が動くと，その音が気になって集中ができなくなってしまうことがあります。その場合，椅子の脚にテニスボールをつけたり，キズ防止用シートなどを貼ったりすることで，「ガタガタ，ギーギー」といった音を消すことができます。通常の学級や特別支援学級など，学びの場に関係なく実施できる支援です。

🌼 姿勢保持を支援することで授業の参加率を上げよう

　姿勢の乱れを元に戻そうとして，椅子をガタガタ動かしてしまうといった様子が見られる際は，すべり止めシートを置いて姿勢保持を支援すると，授業に集中できる時間が長くなります。

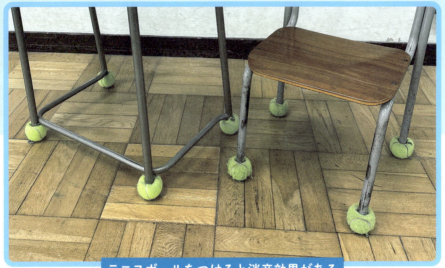

テニスボールをつけると消音効果がある

椅子の脚裏には家具用のキズ防止シートをつけて消音効果
座る部分は，すべり止めシートを貼って姿勢保持

机と椅子

16 個人のスペース　　　　　　　　全体　個別

自分だけの場所が理解できる
床に色テープ

🌼 指導・支援のポイント

- 授業中に立ち歩きをしてしまう，いつも違う場所で着替えをしてしまうなどの様子が見られたときには，どこが自分の場所なのかを明確にすることで，落ち着いて過ごせるようにする
- 色テープは，床に近い色を使用することで視覚情報量を軽減する
- 自分の場所がわかることで安心する子もいる

🌼 色テープで自分の場所がわかる

　　色テープなどで自分の場所が明確になると，安心する子がいます。学習をしたり，休み時間にリラックスして過ごしたり，一日のほとんどの時間を過ごす座席なので，子ども達が「自分の机，自分の椅子，自分の空間」を理解できるようにしましょう。学級の実態によって，個別に色分けをしても効果的ですが，視覚情報量が多くなりすぎないようにします。

🌼 上靴を脱いでリラックスしながら学習しよう

　　上靴の締めつけられている感覚が嫌な場合や足の裏に刺激を入れることで安心する場合には，上靴を脱ぐことを許可します。その際，上靴の置く場所を明確にすることで，自分で整頓ができるようにします。

色テープを見て，自分のスペースが理解できる

上靴を脱ぎたいときは，机の横のスペースに置こう

個人のスペース

17 個人のスペース

机の上に立てるだけでやることがわかる
透明ボード

🌸 指導・支援のポイント

- 透明ボードにホワイトボード用マーカーでやることや活動の手順を明記すると見通しをもつことができる
- 素材が透明や半透明なものを使用すると外の情報も入ってくるので，周りを見て安心する子には効果的に使用することができる
- 空間を仕切ることで活動に集中できる子もいるので，見通しがもてるように活動内容を書いたカードなどを同時に使用する

🌸 透明だから周りが見えて安心できる

　やることリストや活動の手順を示すことで安心して取り組むことができます。透明で立てるタイプのボードを使用することで，周りの状況を確認しつつ，やることも理解できるというメリットがあります。ホワイトボード用マーカーで，繰り返し使用できるようにします。

🌸 パーテーションとやることカードで参加できる

　複数のやることを知ることで安心する子がいる一方で，一つの指示を知ることで，その時間に見通しをもって活動に参加できる子がいます。その場合は，活動を一つだけ書いたカードを示し，一つずつ取り組めるようにします。

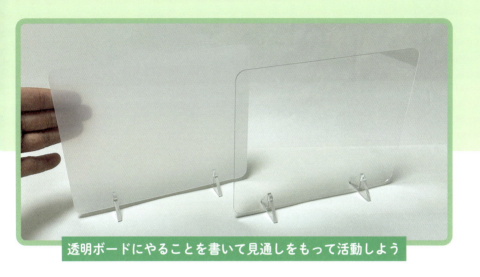

透明ボードにやることを書いて見通しをもって活動しよう

＊リビガク　集中できる勉強ブース　手元が暗くなりにくい（ソニック）

パーテーションとやることカードで自分のスペースで活動できる

個人のスペース

18 個人のスペース

半透明で収納場所が一目瞭然！
お道具袋

🍀 指導・支援のポイント

- 自分のスペースの中で，学習道具を収納する場所を増やすことで，着席したまま学習道具の出し入れが可能になる
- 半透明の素材を使用することで，何がどこに収納されているのかを見て理解できる

🍀 複数のポケットでスッキリ収納できる

　整理整頓で大切なことは，一つひとつの道具と収納場所を決めることです。出すときもわかりやすい，しまうときもわかりやすい，子ども達が自分で整頓できるようなお道具袋がおすすめです。

🍀 着席したまま様々な学習道具を取り出すことができる

　子ども達にとって，教室の動線が複雑になるほど生活は難しくなります。「後ろのロッカーに教科書を取りに行って，横のロッカーにクレヨンを取りに行く」というような環境では，その都度学習が途切れてしまいます。お道具箱には教科書やプリント，お道具袋にはクレヨンや筆箱，といったように個人のスペースの中で収納ができると着席したまま複数の道具を活用することができます。

＊ナイロンメッシュバッグインバッグ　A4サイズ用　タテ型（無印良品）

半透明で，どこに何が入っているのかがわかりやすい

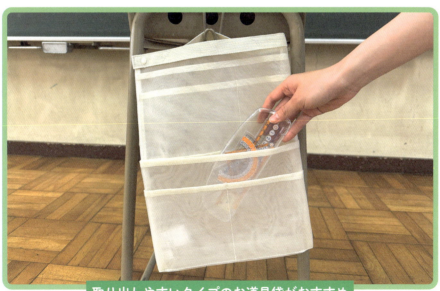

取り出しやすいタイプのお道具袋がおすすめ

個人のスペース

19 個人のスペース

全体 個別

自分で学習を進めることができる
選べる学習引き出し

❀ 指導・支援のポイント

- 数字が理解でき，順番に学習を進めたい場合には数字で表示をする
- 内容によって課題を選びたいときには，学習名で表示をする
- 今の気持ちで学習内容を選びたいときには，気持ちを表示する

❀ 自分で選ぶ経験を増やし，主体性を育もう

　ごほうびタイムやリラックスタイムを設定する先生もいるかと思います。個人で実施するときには，その子の目標に合わせて決めた内容の中から，子ども達が自分で選ぶことができるように工夫をすると「自己選択」の機会が増え，主体性の向上につながります。また，順番に取り組みたい子，いつもと同じ流れで取り組みたい子もいます。そういった場合には，数字やマークなど，その子が理解できる内容で取り組めるような表示をします。

❀ 子ども達の実態に合わせて引き出し名をカスタマイズしよう

　自分で選択する表記にする場合には，「学習内容」や「今の気持ち」など，子ども達の実態に合わせて引き出し名を決めていきます。文字を読むことが難しい場合には，イラストや写真を貼り，引き出しの中に何が入っているのかを示すとわかりやすいです。

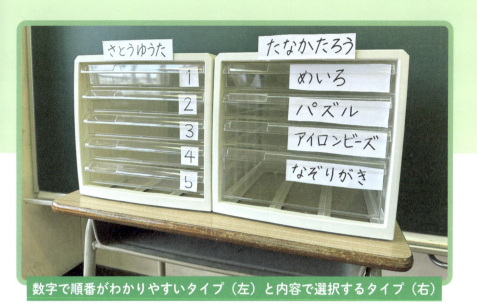

数字で順番がわかりやすいタイプ（左）と内容で選択するタイプ（右）

自分の気持ちで学習を選択するタイプ

個人のスペース

061

20 個人のスペース

自分で学習を進めることができる
「おわり」がわかる学習引き出し

🌸 指導・支援のポイント

- 子ども達が自分のペースで学習を進め，取り組んだプリントなどを提出することができるように提出場所を決める
- 引き出し棚の上などに提出ボックスを置くことで，その場で提出をすることができる

🌸 「おわり」がわかると安心して取り組むことができる

　個人のスペースに提出ボックスを置くことで，移動せずに提出することができます。クリアファイルやＡ４サイズのボックスなど，簡易的なものでも大丈夫です。子ども達が自分で提出できるようにします。「おわり」が明確になると授業時間や内容に見通しをもって取り組むことができます。授業が終わったら，提出ボックスごと教師へ渡しに行く，教師が提出ボックスを回収しに行くなど，子ども達の実態に合わせて決めます。

🌸 学習目標に合わせた内容を引き出しに入れよう

　時間割ごとや教科ごとに引き出しを作成して，学習目標に合わせた内容にすることができます。国語であれば迷路，算数であれば数字探し，図画工作であれば塗り絵など，関連する学習を入れておきます。

引き出しの学習が終わったときに提出する場所を明確にしよう

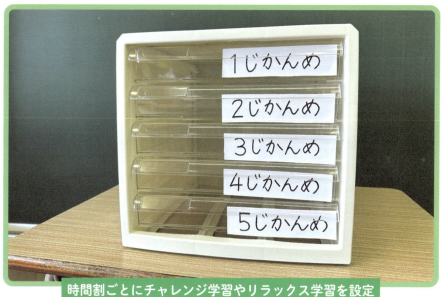

時間割ごとにチャレンジ学習やリラックス学習を設定

個人のスペース

21 見通し

予定がわかり見通しがもてる!
みんなの予定表 [日課]

🌸 指導・支援のポイント

- 日課表ボードを確認することで,一日の予定がわかり見通しがもてる
- 学級の子どもだけでなく,学級に来た他の教師や子ども達も,何の授業をしているか,誰がどこにいるかが一目でわかる
- すぐに予定を書き込めるため,忘れやすい子を支援することができる

🌸 すべての子どもたちの予定がわかる

　キャスターつきの日課表ボードを活用し,毎日確認して学習をします。朝と帰りは教室の前面に置き,授業中は気が散らない場所に移動します。特別支援学級では,漢字が読める子,ひらがな学習をしている子,絵で理解できる子など,同じ教室内にいろいろな実態の子どもがいます。そのため,どの子でも日課がわかるように,視覚シンボル「ドロップス」(ドロップレット・プロジェクト)と,UDフォントを組み合わせた教科カードを活用しています。

🌸 自主性が育つ!交流及び共同学習

　学年カラーになっている名前マグネットは,交流学級に行くというサインです。朝に予定を確認,時間になったら教科や持ち物を確認,自分一人で授業準備,「行ってきます」と交流学級へ学習に行くという流れです。

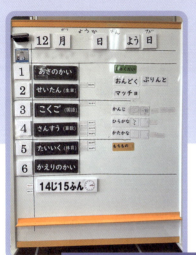
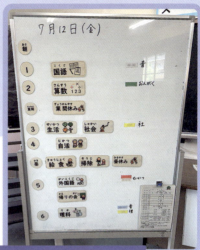

毎日，朝の会と帰りの会に予定の確認
表面は今日の日課，裏面は明日の日課を書こう

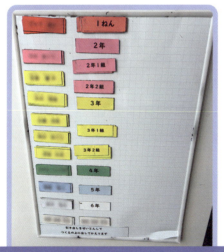

一人ずつのマグネットを，いつでも貼れるように用意

見通し

22 見通し

予定がわかり見通しがもてる！
みんなの予定表 ［持ち物・めあて］

❀ 指導・支援のポイント

- 一人ずつの持ち物を視覚的に確認できるようにする
- ミニホワイトボードを活用することで連絡帳に書くときに机の上に置くことができ，視写がスムーズになる
- 操作する頻度が高いものは立体にすることで，手で持ちやすくする

❀ 持ち物の連絡は，思い出せる支援をする

　聴覚から入力された情報は忘れやすいので，口頭のみの伝達はさけ，視覚でも理解することができるように，文字やイラスト，写真などで表示をします。全員が見ることができる大きなホワイトボードで伝達をしますが，一人ずつ小さなホワイトボードを使用すると取り外しができるため，連絡帳に視写をするときなどに便利です。

❀ 一日のめあてを決めて，学級としての一体感をもつ

　「今日はみんなでどんなことをしようか」「どんな目標をもって生活をしようか」と考えることで，学級への帰属感や自己有用感を高めることができます。教師や友達と関われるような目標や，子ども達と一緒に考えた理想の学級像に向かって高め合っていけるような目標にしています。

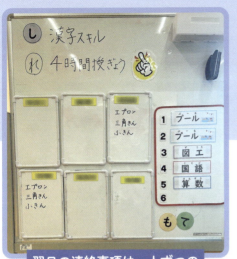

翌日の連絡事項は一人ずつの
ホワイトボードに記入しよう

取り外しがしやすい時間割，
右上には今日のめあて

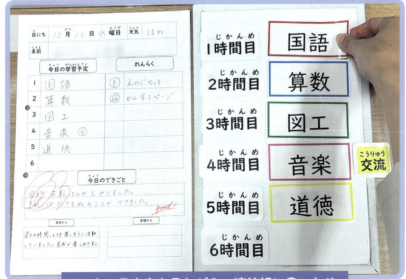

みんなの予定表を見ながら，連絡帳に書いたり，
個人ボードに操作したりして把握しよう

見通し

23 見通し

クラスの友達の予定がわかる
一緒にマナボード

🌸 指導・支援のポイント

- 一日の見通しをもつことで安心して過ごせるようにする
- 可動式の材料（ホワイトボードなど）で作成し，視覚刺激量に配慮する
- いつ（何時間目），誰（子どもや教師），何（教科等）を知ることができるように情報量を整理する

🌸 友達と声をかけ合いながら安心して過ごせる環境

　特別支援学級では，何時間目に何人が学級にいるのか？という情報を把握することは，教師が授業を進めていく上で重要です。子ども達にとっても，いつ，誰と，何を学ぶのか？という情報は，見通しをもって安心して一日を過ごすために必要な情報となります。また，子ども達同士で声をかけ合って教科の確認をしたり，学習準備をしたりする姿も見られてきます。

🌸 一緒に学ぼう！マナボード

　朝の会の時間や前日の帰りの会の時間に，子ども達がマナボードを操作して情報を確認します。同時に，交流学級の週予定表を確認しながら，交流学習を確認します。自分自身で見通しがもてる環境を整えることで，主体的に生活し，安心して授業準備や授業への心構えができるように配慮します。

裏面にはマグネットを貼ってあるので，自分で操作できる

朝の会や休み時間に黒板に掲示します！

可動式にすることで，必要なときに情報を共有できる

見通し

24 見通し

自学級と交流学級の時間割を把握できる
交流ボード

❋ 指導・支援のポイント

- ボードを操作することで，交流及び共同学習に参加する時間を目と手で確認することができるようにする
- 全員が見える色（事例では黄色）で「交流」を表示することで，自分や友達の予定を確認することができるようにする
- ラミネート加工をして毎日繰り返し使用できるようにすることで，子ども達が操作に慣れることができるようにする

❋ 交流学級の週予定表は毎週忘れずに掲示しよう

　子ども達には自学級と交流学級の両方に居場所があるという意識をもち，学年の一員，学校の仲間であることを，教職員が忘れないようにしましょう。担任同士で連携をとり，週予定表を交換できるようにシステムをつくります。

❋ 週予定表は子どもが理解できるようにしよう

　子ども達にとって必要な情報を精選して，教材に反映できるようにします。今回の教材では，時間割と交流の有無が理解できるようにしています。保護者に伝えたい情報と子どもに伝えたい情報を整理して考えます。

交流学級の週予定表の下に交流ボードを設置しよう
自学級の時間割は別で拡大掲示をしている

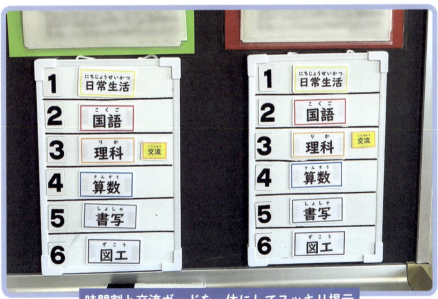

時間割と交流ボードを一体にしてスッキリ掲示

見通し

25 見通し

朝の準備がスムーズになる
持ち物原寸大シート

指導・支援のポイント

- 原寸大で作成された見本シートの上に持ち物を置くことで，準備のし忘れを防止し，机上で朝の準備ができるようにする
- 手順表を同時に使用することで，数字や文を読みながら一つひとつ確実に進めることができるようにする
- 子ども達の実態に応じて，文字，イラスト，写真，ラミネート加工，サイズ，手順表の有無などの支援を調整する

同じ大きさでわかりやすい原寸大シート

　机上を真上から撮影して，持ち物を確認できるようにします。ラミネートをせず製本テープなどで補強すると折りたたむことができて便利です。必要に応じて手順表と組み合わせて使用すると効果的です。

手順表は操作できると目と手で確認できる

　手順表を作成する際には，操作できるようにすることを心がけます。目で見て終わりになってしまうと，忘れてしまったり，重複して行動してしまったりと困り感につながってしまう場合があります。「紙をめくる」「マグネットを動かす」といった操作性を加えて目と手で確認できるようにします。

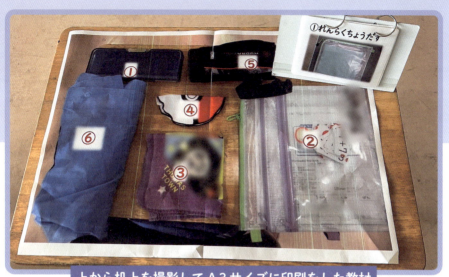

上から机上を撮影してＡ３サイズに印刷をした教材

カードを立ててめくれる仕組みになっている手順表

見通し

073

26 見通し

見通しがもてる
身支度ルーティン

指導・支援のポイント

- 学校生活の一日のはじまりと終わりの活動の流れがわかるようにする
- 動線を短くすることで，視覚刺激量に配慮する
- 一人ひとりに専用の活動場所（カラーボックス）を設けることで，自分が今やることの情報を整理して把握できるようにする

主体的に取り組む姿勢を育む環境

　就学により学校生活という新たな環境に身を置いた新入生にとって，学校での一日のはじまりからおわりまでの見通しをもつことは，その日を安心して過ごすことができるか，また過ごすことができたかということを大きく左右します。見通しがもてるようになることで，教師の指示を待つことなく，自分で主体的に取り組む姿が見られるようになります。

一人でできるよ！身支度ルーティンボックス

　登校後と下校前の活動を視覚的に確認できるように，子どもの発達段階に合わせたスケジュールカードを提示し，終わった活動カードをフィニッシュボックスに入れていきます。カードは，取り外しやすいようにソフトマットに貼りつけました。また，活動に集中して取り組めるよう動線に配慮します。

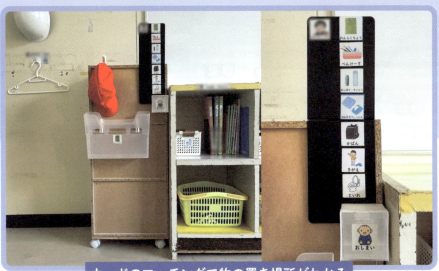

カードのマッチングで物の置き場所がわかる

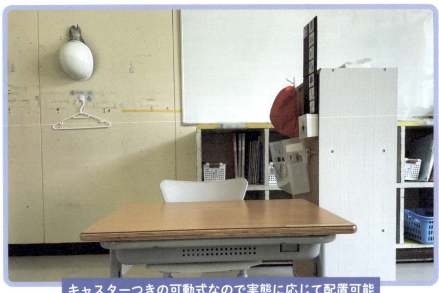

キャスターつきの可動式なので実態に応じて配置可能

見通し

27 見通し

授業準備へのやる気アップ大作戦！
ごほうびボード

❁ 指導・支援のポイント

- 聴覚，視覚など，子ども達の実態に合わせた指示を取り入れる
- 子ども達が理解できる，達成感を感じられるトークンを取り入れる

❁ クラス全体目標の視覚化

　授業のはじまりをタイマー音と集まりのBGMで知らせます。クラスの全体の目標に「タイマーが鳴ったら座る」を掲げ，視覚的にポスターで示しました。そして，BGMが鳴り終えるまでに授業準備できたら磁石（トークン）を渡し，昼休みに教材（業間休みにはできないもの）と交換できるというルールを設定しました。

❁ 一人ひとりの背景要因を考えて個別支援へつなげよう

　時間が来ても遊びを続ける，座るように促すと癇癪を起こすなど，活動の切り替えに困難さがある子どもの背景には，遊びを終えると次はできないと誤解している，授業準備に意欲が高まらないことが考えられます。そんなときには，タイマーが鳴る前に個別で予告をしたり，スケジュールチェックカードを見せます。また，ルールを守った達成感を感じられるように，最初はBGMが鳴り終わった後でも集合できたら褒めて終われるように配慮します。

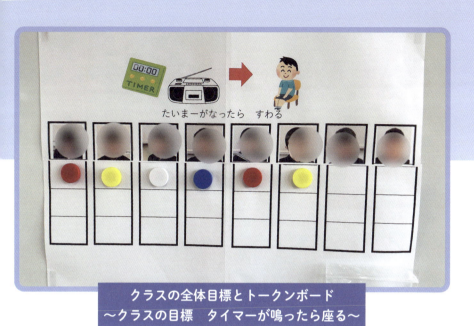

クラスの全体目標とトークンボード
～クラスの目標　タイマーが鳴ったら座る～

昼休みの教材リスト（おもちゃ屋さん）

見通し

077

28 見通し

音が鳴らない！使用者だけがわかる
光タイマー

🌸 指導・支援のポイント

- 個別で伝達をしたいときには，その子のみに伝わる視覚刺激で知らせることで，静かな雰囲気をこわさずに授業を継続する
- 全体に知らせるとき，個別で知らせるとき，状況によってタイマーを使い分けることにより，子ども達の注意力や集中力に配慮する

🌸 周りの子ども達に配慮するタイマー

　特別支援学級では，学習内容の違う子ども達が同じ教室で授業を受けています。そのため，それぞれの子ども達に配慮したタイマーを使用することが大切です。光のみで知らせることができるタイマーを使用すると，音が出ないため，周りの子ども達への聴覚刺激を軽減することができます。

🌸 タブレットやスクリーンを活用しよう

　子ども達が使用しているタブレットにタイマーのアプリが入っている場合は，それを効果的に活用をしましょう。数字や色，音や振動などを設定することで，全体に配慮して使用することができます。また，全体で使用したいときには，プロジェクターやスクリーンなどに映してどの座席からでも確認することができるようにします。

＊左上：時っ感タイマー　トキ・サポ（ソニック）　＊右上：勉強タイマー　ラーニングタイマーS（dretec）
＊左下：学習用デジタルタイマー（dretec）　＊右下：フラッシュタイマー（dretec）

光って知らせるタイマーや音や色で知らせるタイマー

児童用タブレットのアプリを効果的に使おう

見通し

079

29 見通し

授業の進度に見通しがもてる
いまここカード・おわりカード

❁ 指導・支援のポイント

- 授業で何を学習するのかを黒板に示すことで，見通しをもち学習に取り組むことができる
- 今，自分が何を学習しているのか確認することで，やるべき活動を行うことができる
- 活動のおわりに見通しがもてることで，安心して活動することができる

❁ 画用紙とマグネットだけで，短時間で作成できる

　子ども達が安心して学習できるようにするためには，活動に見通しをもつことが大切です。画用紙に子ども達がわかるキャラクターやマークを書きます。裏面にマグネットを貼って完成です。

❁ カードで示すだけで安心につながる

　「いまここカード」では，学習進度を示します。集中力が切れてしまったときに，黒板を見ると自分のやるべきことがわかる工夫です。「おわりカード」では，活動の量，活動の時間，さまざまな板書に対応することができます。時計を読むことが難しい場合でも，「〇〇が終わったら休み時間だ」とおわりカードを見ることで理解することができます。

今，何をすればいいのか，パッと見て理解できる

「おわり」に見通しがもてると安心できる

見通し

30 見通し

時刻や時間を意識できる
くだもの大好き時計

🌸 指導・支援のポイント

- 時刻や時間，数字を読むことが難しい場合には，イラストを示すことで，時計を意識できるようにする
- 長針とくだものを理解できる子に，残り時間を声かけすることができる
- 学校と家庭で同じ教材を使用して声かけすることができる

🌸 大好きなもので時計に興味をもとう

　子ども達の興味関心のあるものを時計の周りに貼るだけで，時計への興味関心を高めることができます。長針の動きに注目をして，「長い針がメロンにきたら，手を洗いに行こうか」などと声かけをすることができます。乗り物や食べ物，動物など，子ども達が知っているもの，好きなものを取り扱います。イラストが不要な子もいるので，教室内に時計を複数設置することで，子ども達が自分で見やすい時計を選べるようにすると便利です。

🌸 上下左右の理解や時計の学習につなげていこう

　時計を理解することができるようになるには，まずは，上下左右の理解が必要不可欠となります。最初に，時計の12と6，「何時，何時半」を理解することから学習を進めていきます。

子ども達が理解できるイラストや写真を使用しよう

時計の学習に活用することができる

見通し

31 季節感

ぽんぽん咲かせよう
春の壁面製作

指導・支援のポイント

- 教室に季節感を取り入れることで，季節を感じることができる
- スタンプ，マーブリング，絵の具でぐるぐる描き，全員が活躍できる

スタンプで咲かせた桜の木

　子ども達と校庭を散策してみるとたんぽぽや桜など，様々な春を見つけることができます。生活単元学習や図画工作でつくった作品を教室に掲示します。今回の製作は桜の木がテーマなので，大きく目立つようにしました。スポンジに絵の具をつけてぽんぽんと桜の花びらをイメージして取り組むと，たくさんの色をつけることができます。また，廊下にも昨年度の様子を撮影した写真を掲示したり，進級をお祝いするデザインを用いた学級児童名簿を掲示したりして，季節感を感じることができるようにします。

マーブリングで色づけた風船

　春の風をイメージして，絵の具でぐるぐると描き，子ども達の成長を願って風船をマーブリングで色づけしました。マーブリングは，授業参観などで保護者に協力をお願いできるタイミングで実施すると，ゆっくり丁寧に取り組むことができるので，綺麗な模様をたくさん表現することができます。

春は桜がきれい！成長を願って風船を飛ばそう

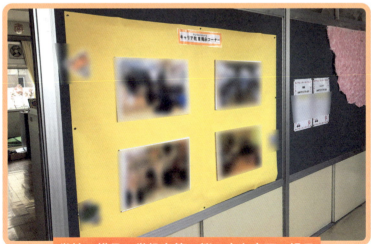

学校の様子，学級名簿，桜の木を廊下に掲示

季節感

32 季節感

クラスカラーの花びらいっぱい
満開の桜

🌸 指導・支援のポイント

- お花紙を使用することで，ひらひらと動く様子を見て楽しむことができる
- のりをつける→お花紙を置く，シンプルな作業で全員が参加できる
- 布は素材にあたたかみがあり，家庭的な雰囲気を出すことができる

🌸 クラスカラーを意識した壁面製作で学級を意識しよう

　学年カラーやクラスカラーといった色が決まっているときには，壁面製作などに色を取り入れ，少しずつ意識できるようにします。例えば，1組は黄色い桜，2組はピンクの桜，3組は水色の桜といったように，学級で色を変えても綺麗です。また，学級の一員として帰属感を高めることができるように，全員が取り組める活動にすることをおすすめします。

🌸 教室の後方・天井近くに掲示をして桜をイメージ

　教室の後方に掲示する利点は学習の邪魔にならないこと，天井に近い高い位置に掲示する利点は活用頻度の多い掲示物を子ども達の目線の高さに掲示できることです。養生テープや剥がせる両面テープなどを一緒に活用して作品が落ちないようにしましょう。

花びらの形のお花紙をたくさん貼ろう

季節感のある布を飾るとあたたかみを感じられる

季節感

33 季節感

つくって夏を感じよう
海をテーマにした夏の壁面製作

❀ 指導・支援のポイント

- 夏をイメージできる絵本や写真を見ることで季節感を味わう
- 子ども達と話し合い活動をして，みんなでテーマを決めることで，子ども達の声を活動に反映することができる
- 一つの作品の中に様々な活動を入れることで，全員が参加できるように計画をする

❀ 一つの作品の中に複数の活動を入れ，全員の活躍を目指そう

　様々な実態の子ども達が同じ作品をつくると学習内容と実態に差が出てしまうことがあります。そんなときには，複数の活動を同時進行できるように計画をします。魚（折り紙で切って貼る），クラゲ（ビニール袋とオーロラテープで制作），泡（版画と切り抜き），海藻（凸凹版画）など，全員の子ども達が活躍できるように活動を計画していきます。生活単元学習や図画工作で時間にゆとりをもって取り組みましょう。

❀ 子ども達の考えを作品に反映しよう

　絵本を読んで感じたこと，実体験から表現したいこと，子ども達の内面にある想いや考えを反映できるように，相談をしながら進めます。

大きな魚になったね！クラゲはビニール袋で表現

パズルみたいな亀の甲羅は牛乳パックで表現

季節感

34 季節感

迫力満点
花火！お花畑！七夕の吹き流し！

🌸 指導・支援のポイント

- 花火を表現したいときには，切り紙，ストロー絵の具など，子ども達のイメージを具体的に表現できる技法を取り入れ，満足感を高める
- 葉っぱや茎など，量が必要なものに関しては，教師があらかじめ作成をしておくことで時間を短縮し，学習目標を達成できるようにする

🌸 大きなものは大きく表現をしよう

　夏には花火やお花畑，七夕の吹き流しなど，ダイナミックに季節を感じることができます。その大きさを作品に反映できるように，大きく感じたものを大きく表現するサイズ感を大切にします。七夕の吹き流しは，厚紙を丸めて，お花紙をつけ，マーブリングで色をつけた普通紙を細く切り，組み合わせてつくります。天井から吊り下げると迫力満点の立体飾りが完成します。

🌸 季節の変化を色や形で感じよう

　春って何色ですか？　夏って何色ですか？　私たちは，季節感を色や形からも感じることができます。家庭や学校に彩りを取り入れることで，日本の四季の変化を楽しむことができるように環境を整えます。

花火，お花畑，七夕の吹き流し，ダイナミックに季節を感じよう

春から夏へ！季節の変化を色や形で楽しもう

季節感

35 季節感

おしゃれに飾ろう
秋の壁面製作

🌸 指導・支援のポイント

- 壁面で表現する前に秋の散策や落ち葉拾いなどの体験をすることで，子ども達の表現力を支援することができる
- 葉っぱに使用する画用紙の色を意図的に選び用意をすることで，作品に季節感を出せるようにする

🌸 実際に拾ったもので表現しても楽しい

　秋の散策で見つけたどんぐりやまつぼっくり，落ち葉や枝などは作品としてしばらく飾れるものが多いので，子ども達と実際に拾ったものを作品に取り入れてみると楽しいです。時期によっては紅葉が終わってしまい，あっという間に落ち葉になってしまうこともあるので，夏から秋へ，秋から冬への季節の変わり目を見逃さないように，活動を計画しましょう。

🌸 天井から立体的に掲示をすると，見上げたくなる

　たくさんの紅葉を画用紙でつくり，天井に飾りました。つい見上げたくなるほど印象的な作品となりました。廊下に飾ることで，全校児童・全教職員の目にもふれる機会が増え，子ども達は褒められるようになりました。

秋の風，紅葉，落ち葉を表現

紅葉のカーテンをドアの上にかけて展示

季節感

36 季節感

まるで美術館のように飾る立体掲示
秋の空

🌸 指導・支援のポイント

- スチレンボードなど高さが出るものに貼りつけることで，作品に立体感を出し，注目度をあげることができる
- 絵の具を垂らして筆を横に振るだけで表現できる「グラデーション技法」を用いることで，全員が参加できるようにする
- 絵の具の混ざり方を体験的に学ぶことができる

🌸 立体的に飾ることで美術館のような展示をしよう

　スチレンボードやダンボールを活用すると，平面の作品でも立体的に飾ることできます。スチレンボード等は，作品と同じサイズにカットし，剥がせる両面テープや養生テープで作品を貼ると繰り返し使用できます。キャンパスに描いたように鑑賞することができるので，図画工作の展示会が開催される時期におすすめです。

🌸 教室環境で日本の行事を感じよう

　秋から冬にかけても楽しい行事はたくさんあります。お月見や大晦日，お正月など，日本の伝統的な行事に触れたり，ハロウィンやクリスマスなどに触れたり，季節や行事を楽しめる環境を整えましょう。

秋の空をグラデーションで表現した作品

日本の行事を感じる秋から冬の布飾り

季節感

37 季節感

窓に飾って光できれい！
風船ランプシェード

🌸 指導・支援のポイント

- 窓側に作品を飾ることで，外からの光を利用できるため，安全に鑑賞を楽しむことができる
- 作品を乾かしている期間も鑑賞できるように環境を整えることで，ゆっくり眺めたり，作品を大切にする心を育てる
- スクラッチでは，自立活動と関連づけながら，指先の運動を取り入れることができるようにする

🌸 窓のメリットを活用しよう

　カーテンを開けたまま授業をすると，外に注意が向いてしまうことがあります。子ども達の実態に応じてカーテンを閉めるなどの配慮をします。窓側に作品を飾ることができる場合には，光が差し込むというメリットをいかせるような作品を飾ります。ランプシェードをひもに吊るすように乾かすことで，自然光が当たってきれいな状態を鑑賞することができます。

🌸 クレヨンでスクラッチをしよう

　カラフルなクレヨンで画用紙の全面を塗り，その上を黒いクレヨンで塗るとスクラッチが完成します。飾るときはラップに包むときれいに飾れます。

光を取り入れる作品を窓側に飾ろう

ドキドキスクラッチを楽しもう

季節感

38 季節感

全体

パーティーをしよう
クリスマス飾り

🌸 指導・支援のポイント

- 生活単元学習などの授業で育てたあさがおやさつまいものつるを活用して作品をつくる
- つるが乾燥していく様子を観察することで植物の学習につなげる
- 目玉パーツを活用することで，作品に愛着がもてるようにする

🌸 まつぼっくりボーヤ

　子ども達は，まつぼっくりやどんぐりなどに目玉がついただけで気分が高まります。飾ったり，遊んだり，作品と触れ合う機会を提供することができます。右上の写真では，まつぼっくりに目玉をつけました。フェルトでつくった帽子とマフラーをつけ，帽子の上に綿をつけたら完成です。どの材料も100円ショップで購入することができるので，学校でも家庭でも手軽に楽しむことができます。

🌸 さつまいものつるでつくった丈夫なクリスマスリース

　さつまいものつるは太くて乾燥すると硬くなります。しっかりとした丈夫なリースをつくることが可能なので，どんぐりやまつぼっくりなどの大きめのパーツをグルーガンでとりつけることができます。

拾ってきたまつぼっくりに目玉をつけると完成

さつまいものつるでつくったクリスマスリース

季節感

39 学習

さっと使えてわかりやすい
黒板用カード

🌸 指導・支援のポイント

- 事前に作成した黒板用カードを活用することで，授業中の子ども達の待ち時間を減らすことができる
- 「いいね！」「ひらめいた！」など，子ども達が好きなマークや知っているマークなどを板書で使用することで，子ども達の興味関心を高めることができる

🌸 共通目標と個人目標を確認しよう

　特別支援学級に在籍する子ども達は，全員にそれぞれの教育課程が作成されています。そのため，毎時間の授業でもそれぞれの個人目標があります。一人ひとりが自分の個人目標を知ることがきるように板書をします。スピーディーに板書できるよう，黒板カードを準備しておくと便利です。

🌸 画用紙のまま作成して，蛍光灯の光の反射を防ごう

　長期で使用するものは，ラミネート加工をすると長持ちします。しかし，黒板にラミネートしたもの貼ると，蛍光灯の光を反射してしまい，見えづらくなることがあります。そんなときには，画用紙や厚紙で作成をすると，光の反射を抑えた目にやさしい教材にすることができます。

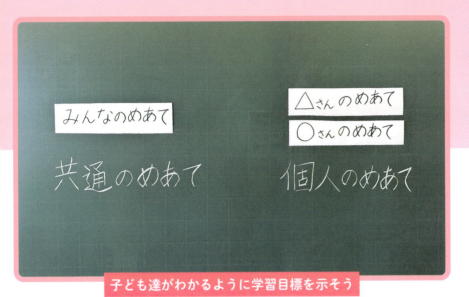

子ども達がわかるように学習目標を示そう

黒板にさっと貼れるグッズがあると便利

学習

40 学習

必要なときにメモが書ける
机の横にホワイトボード

🌸 指導・支援のポイント

- 教師の声かけを記憶しておくことが難しいときや忘れたくないときには，メモをとれる工夫をする
- 繰り返し書いたり消したりできるため，長い期間使用することができ，教材に慣れることができる
- ホワイトボードに極細のテープを貼ることで，文章を書きやすくする

🌸 いつでもメモができる環境が大切

　机の横にホワイトボードを置いておくことで，教師の指示をいつでもメモすることができるので，ワーキングメモリや記憶を支援につながります。メモには持ち物や集合場所など，必要に応じて記入をしていきます。特別教室に移動する場合に持参しても，邪魔にならないサイズが使いやすいです。

🌸 文字間や行間を支援するテープ

　メモをとりたいけれど，文字を書くことが難しい，文字が大きくなってしまう。そんなときには，市販されているホワイトボード用の極細テープを文字を書けるサイズに貼ります。文字間や行間を調整できるように，ゆとりをもってテープを貼るのがおすすめです。

いつでも使えるように机の横にかけておこう

テープで区切ることでメモをとりやすくなる

学習

41 学習

床の上でも整頓しながら学習できる
書写用シート

🌸 指導・支援のポイント

- 国語の学習で書写セットを使用するときは、ビニールや新聞紙で置く場所を明確にする
- 道具の位置を明確にすることで、準備や片づけがスムーズにできるようにする
- 一人ひとりがのびのびと学習できるようにスペースを十分に確保する

🌸 床で学習する機会を増やす＝スムーズな準備と片づけ

　「普段使用しない道具を使用すると準備や片づけに時間がかかってしまい、肝心な活動時間が短くなってしまう」なんてことがないように、環境を整えます。新聞紙やビニール袋（すべり止めを同時に使う）を活用し、書写セットの中身を置く場所を明確にします。慣れてくると自分で準備をして、スムーズに授業に参加できるようになります。

🌸 のびのびと学習できるスペースを確保しよう

　友達と体がぶつかってしまったり、作品を踏んでしまったり、わざとではないのにトラブルになってしまうことがあります。その多くは動線を確保することで予防できるケースが多いので、学習スペースの確保をします。

すべり止めとビニールテープで置く位置がわかる

半紙を使うときは新聞紙の上でコンパクトにまとめよう

学習

42 学習 　全体 個別

落ち着いて授業に参加できる
感触チューブ

🌸 指導・支援のポイント

- 足の裏や脛に触覚刺激を入れることで，落ち着いて学習することができる
- 子ども達と相談しながら，硬さや触感を選ぶと効果的に使用できる
- 脱いだ靴を置く場所を決めておくことで，自分のスペースで整理して教材を使用することができる

🌸 本人と相談をして教材をつくろう

　椅子をガタガタしたり，机の脚を蹴ったりする行動の背景要因には何があるのかを，本人と話し合うことが重要です。触覚刺激を入れることで落ち着くことができるのであれば，机に伸縮性のあるチューブなどを取りつけるなど，気持ちが落ち着く教材を考えていきましょう。

🌸 学級全体で教材について理解を深めよう

　見ることで落ち着く子もいれば，聞くことで落ち着く子もいます。同じように，触れて落ち着く子もいます。子ども達と相談をしながら，落ち着いて授業に参加できる方法を探していくことが大切です。支援を始めるときには，学級全体で使用方法を共通理解し，「遊んでいるわけではなく，教材があることで集中して取り組むことができる」ことを伝えましょう。

足の裏で踏んだり，脛に当てたりすると落ち着く

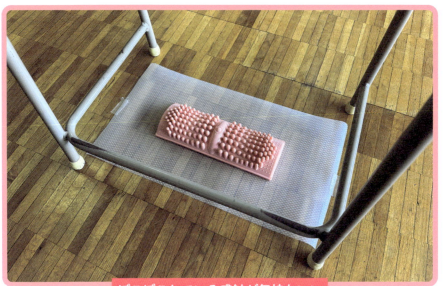

ぼこぼこしている感触が気持ちいい

学習

43 学習

集団の中でもスムーズに学習できる
教室の導線と動線

🌸 指導・支援のポイント

- 教師が意図的に環境を設定する「導線」を考えた教室環境を整える
- 実際に子ども達が行動する動線を見て，よりスムーズに行動できる教室環境の配置にレイアウトする
- 合同学習で集団になったときには，黒板の見え方，集中力などの実態に合わせて座席配置を決める

🌸 教室の中心に材料や見本を配置しよう

　子ども達の机を外側に，材料や見本などを中心に配置することで，子ども達同士がぶつからないようにします。机は2台ずつ使用して机上の活動スペースを広げることで，のびのびと学習をすることができます。特別支援学級や特別支援学校の少人数制だからこそできる環境設定です。

🌸 学習内容と子ども達の実態に応じて座席配置を考えよう

　合同学習の際は，授業を受ける人数が16人程度になることもあるため，子ども達が活動をしやすいように座席配置を考えます。まずは，子ども達の実態を優先して考え，学習内容，グループ，学年，学級などで座席を配置していきます。歩けるスペースを確保するためにゆとりをもって配置します。

教室の中心にみんなで活動スペースをつくり動線を確保

集団で学習するときには、座席の場所に配慮しよう

学習

44 学習

自分の作品を飾って嬉しい
個別作品掲示スペース

🌸 指導・支援のポイント

- 子ども達が自分の作品に満足感を味わうことができるよう，教室内に作品掲示スペースを設ける
- 自分の作品であると認知できるよう，一人ひとりのマイカラーを決めて模造紙を選ぶ
- 子ども達の「もっと貼りたい」という思いに応えることができるよう，模造紙に太めのテープを貼り，貼ったり剥がしたりできるようにする

🌸 自分の存在が教師や友達に認められる経験

　子ども達が「ここは私の学級なんだ」「ここが私の居場所だ」「私はこの学級にいていいんだ」と思うこと，すなわち自己有用感をもつことができるように，作品や写真などを掲示するスペースをつくり，認める声かけ・褒める声かけを大切にします。

🌸 学校に来ると楽しい！と感じる

　自分の作品が増えていくこと，更新されることは嬉しいことです。毎日の喜びが増えると学校に来ることが楽しくなります。

模造紙サイズ，マイカラーの掲示スペース

お気に入りの作品を飾って満足感を高める

学習

111

45 学習

学校のみんなに認められる経験を積む
校内展示スペース

❀ 指導・支援のポイント

- 校内の教職員や子ども達に認められることで自己肯定感を高める
- 作品の展示を通して，校内の教職員が子ども達に声をかけるきっかけをつくり，チームで指導・支援できるようにする
- 大きな作品や時間をかけてつくった製作を展示することで，達成感を味わえるようにする

❀ 学級掲示から校内全体掲示へ視野を広げよう

　学級でつくった製作を教室内だけで掲示するのではなく，校内の教職員や子ども達も見ることができる場所に掲示すると，コミュニケーションのきっかけにもなります。普段，関わることの少ない教師から褒められる機会や認められる機会は，子ども達の自己肯定感を高めます。校内の教職員がチームとなって指導・支援ができるように環境を整えます。

❀ 校内全体掲示から地域への発信へつなげよう

　学級から校内全体へ，校内全体から地域へ，発信することができるように視野を広げます。地域の方が見える場所には，名前や学年などの個人情報に気をつけながら掲示をして，学校の取り組みを発信していきましょう。

外からも作品が見えるように廊下や教室の窓に飾ろう

年間を通して校内の展示スペースを効果的に使おう

学習

46 学習

注目してほしい場所がわかる
矢印棒

🌸 指導・支援のポイント

- 矢印棒を使用することで，教師の体で板書を隠すことなく，指している位置に注目しやすくなる
- 注視できることを目標にする場合には，子ども達の好きな色やキャラクターなどで「注目して見る」ことができるようにする
- 机上で使用する際には，矢印棒の形を揃えることで混乱を防ぐようにする

🌸 シンプルな形で授業に集中できる

　矢印棒を使用するときには，なるべくシンプルな形にすることをおすすめします。最初はキャラクターなどを使用して「注目できる」ということを目標とし，慣れてきたら矢印や棒などのシンプルな形にしていくことで，学習内容から意識が離れることなく注目できることを目指します。

🌸 教科書やノートも矢印棒を使おう

　教科書を見ながら指導をするときに，指さしをし，自分の指・手・腕でつい子ども達が見ている部分を隠してしまうことがあります。そんなときには，板書で使用している矢印棒と同じ形でコンパクトに作成をします。教科書を指などで隠すことなく，注目してほしい内容をさすことができます。

子ども達が注目できるシンプルな形がおすすめ

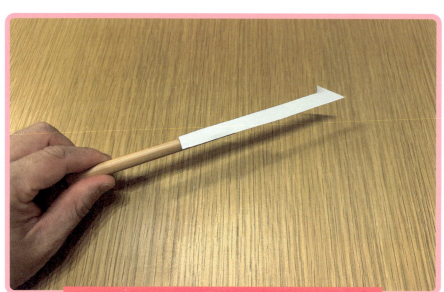

板書で使用する矢印棒と同じ形にするとわかりやすい

47 学習

全体

指さしで気持ちを伝えることができる
気持ちメーター

🌸 指導・支援のポイント

- 声に出して助けを求めることが難しい場合には，イラストを指さしすることで教師を呼ぶことができるようにする
- 子ども達の知っている気持ちのイラストを活用してコミュニケーションを図ることで，他者に気持ちを伝えることができるようにする

🌸 周りを気にせず教師に伝えることができる

　授業に参加しているときに，不安になってしまったり，トイレに行きたくなったり，「教師に助けを求めたいけど，みんなに見られるのは嫌だな」といった場合に教材を使用することで，本人と教師の1対1のコミュニケーションを可能にします。教材は，机に貼ったり，お道具箱に入れたりして，いつでも使用できるようにします。

🌸 子ども達が「知っている気持ち」を確認しよう

　教材を作成する際には，子ども達が知っている気持ち（認知している感情）を使用します。悲しい，イライラする，嫌だ，やりたいなど，イラストで伝える気持ちを本人と一緒に確認をしながら作成します。知っている気持ちが増えてきたら，必要に応じてイラストを増やします。

指さしをして今の気持ちを伝えることができる

悲しい？イライラする？など，知っている気持ちから教材を作成

学習

48 学習

忘れ物をしても安心して授業に参加できる
貸し出しボックス

🌸 指導・支援のポイント

- 忘れ物をしてしまうことの背景要因を把握した上で，子どもが授業に安心して参加できるように貸し出し用の学習道具を教室に置く
- ポケットティッシュのように個人で使用するものは，個人用のロッカーに置く

🌸 怒られるよりも「学習できた喜び」が子どもを育てる

　忘れ物をしたときに「なぜ持ってこないのか？」「忘れた人は参加できません」など，教師が子ども達を叱っている場面を見かけることがありますが，そのような表面的な指導では効果を期待することは難しいです。忘れてしまうという課題については，本来の学習のめあてではないため，自立活動で取り扱うなどして，切り離して考えます。忘れ物の有無ではなく，学習に安心して参加できること，参加できた喜びや楽しさを感じることで，自分で「持ってこよう」と思える授業を目指していくことが大切だと考えます。

🌸 保護者と相談をしてストックを学校に置こう

　ポケットティッシュやハンカチなど，個人で使用するものは，最初の指導として，ストックを学校に置いておくと習慣化につながります。

子ども達の実態に応じて選んだ貸し出し用の鉛筆

個人用ロッカーにポケットティッシュのストック

49 家庭学習と提出

自分で提出することができる
横置きボックス

指導・支援のポイント

- 学級の実態に応じてボックスの数を決める
- 個人用ボックスや全体用ボックスなどを使い用途を明確にすることで，自分で提出や受け取りができるようにする
- 手紙・連絡帳などの物名や個人氏名などは最低限の情報を記載し，理解ができるようにする

同じものを重ねることで提出がしやすい工夫

横置きのメリットは，まとめて手に取ることができること，提出する際に同じものの上に重ねて置くことができることだと考えます。教師も連絡帳は連絡帳でボックスごとにまとめて持ち運びすることができるので，確認もスムーズになります。

一人ずつ用意するときには，学年や学級も記載しよう

子ども達一人ひとりにボックスを用意するときには，学年，交流学級，交流学級担任名などを入れます。交流学級からの手紙や家庭学習課題を忘れずに確認できるようにします。人数分のボックスを用意するとスペースをとってしまうので，普段はそれぞれのロッカーの上に置いています。

種類ごとに分類して提出することができる！横置きボックス

自分でわかる！個別に提出・受け取りができるボックス

家庭学習と提出

50 家庭学習と提出

省スペースですっきり置ける
縦置きボックス

❀ 指導・支援のポイント

- 固いファイルや厚みのあるファイルは重ねると崩れて危ないので，縦置きにすることで安全に配慮する
- 省スペースで設置できるので，教室全体を広く使うことができる
- 本やファイルなどを立てて置くときに使う身体の動きを日常の中で取り入れることができる

❀ 縦置きのメリットをいかそう

　立てて置くことのできるメリットは，固いファイルでも崩れることなく置くことができることです。横置きでは，厚いファイルや重たいファイルは重ねるほど倒れてしまう可能性が高くなりますが，縦置きであればすっきりと置くことができます。安全に出し入れできるように，ボックスとボックスをテープなどで連結させると横に倒れにくくなります。

❀ 壁面を有効活用しよう

　色分けをすると理解しやすい場合には，教室の壁面を使って画用紙などを貼ると簡単に色分けすることができます。用途ごとにボックスの種類を分け，設置する場所を離すなど，子ども達がわかりやすいように工夫します。

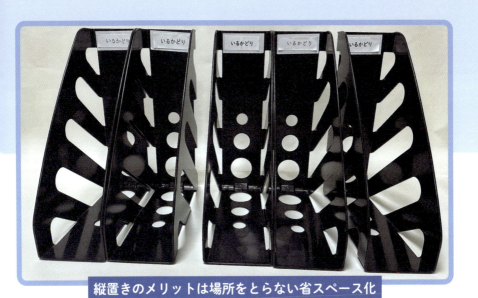

縦置きのメリットは場所をとらない省スペース化

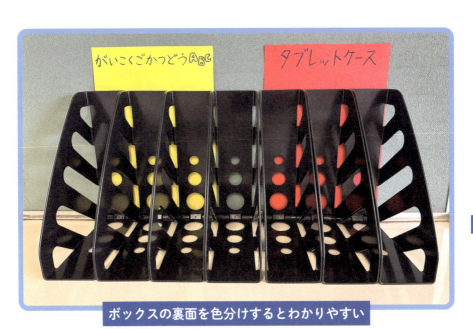

ボックスの裏面を色分けするとわかりやすい

家庭学習と提出

51 家庭学習と提出

用途ごとに分けてわかりやすい
家庭用ファイル

指導・支援のポイント

- 一つの用途に一つのファイルを用意することで，何がどこに入っているかを理解できるようにする
- 用途によって色やサイズを分けることで理解できるようにする
- ファスナーの操作やプリントの出し入れの実態によって，ファイルの硬さやファスナーの形を選ぶ

用途によってファイルを分ける

　紙や家庭学習用プリントが多い日は，どこに何をしまったのかわからなくなってしまう子がいます。子ども達の実態に応じて，ファイルの素材，色，サイズ，ファスナーの数などを子どもと相談して，教材を用意します。ファイルは，家庭学習や手紙，健康カードなどの用途によって分けることで，保護者への渡し忘れを予防します。

L字のファスナーはプリントの出し入れが簡単にできる

　ファスナーをつまむことが難しい場合には，毛糸やチェーンなどをつけることで自分で操作できるようにします。また，ファイルの側面まで開くL字のタイプを使用すると出し入れがしやすいです。

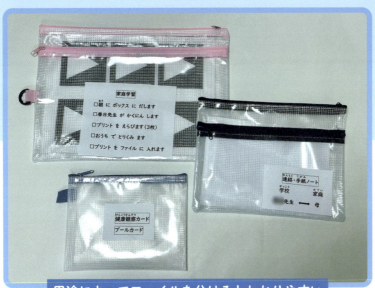

用途によってファイルを分けるとわかりやすい

様々な色やサイズ，ファスナーの形

家庭学習と提出

125

52 収納

もっと本が読みたくなる
本立て・本棚

🌸 指導・支援のポイント

- 本を重ねて置くのではなく，立てて置くことで取り出しやすいように指導する
- 本が倒れないように本立てなどを活用し，力を入れなくても取り出せるようにする
- 高さや種類に応じて整頓するなど，子ども達と相談しながら，整理しやすい約束事をつくる
- 学級の本，地域の本，個人の本などが混ざってしまうことのないように，個人ロッカーに必要な数のボックスを用意する

🌸 本を読みやすくする環境を整える

子ども達が本を読みたいと思ったときに，自分で手にとれる高さや選びやすい配置など，もっと読みたくなるように環境を整えます。

🌸 絵本立てを活用して表紙を見せて季節の飾りにしよう

絵本の表紙は，パッと見るだけで癒されたり，それだけで学習になったりします。絵本立てなどを使用して，表紙が見えるように置くことで，季節の飾りとしても活用できます。おすすめの本を毎月更新しましょう。

学級図書は積極的に貸し出しをしよう

自分が借りている本は自分のロッカーに置こう

収納

53 収納

貼るだけでわかる
テープ目印

🌼 指導・支援のポイント

- 斜めにテープを貼ることで「並べる順番」をシンプルな目印で視覚的に支援することができる
- 色シールを貼ることで「並べる位置（グループや種類ごと）」をシンプルな目印で視覚的に支援することができる
- 子ども達が認識できる色を確認することで，全員が理解できるようにする

🌼 斜めの線や写真を貼ってパズルのように並べよう

　数字やひらがなどで順番を確認する支援方法では並べることが難しい場合は，パズルのように絵や形で位置を理解できるようにします。マスキングテープや色テープを斜めに貼るだけで順番がわかる工夫や，写真を貼って絵が完成するような工夫にすると，楽しみながら決められた位置に並べることができます。

🌼 グループごとに並べるときには，色分けすると理解できる

　ファイルをグループごとに並べてほしいときには，「色分け」をするとわかりやすくなります。ファイル名の近くに色シールを貼るだけで，簡単にパッと見てわかる支援ができ，スムーズに仕分けができます。

斜めの線があることで，並べる順番がわかる

色でグループ分けすることで，まとめて並べることができる

収納

54 収納

立体的に整理ができる
お道具箱に間仕切り板

🌸 指導・支援のポイント

- 学習道具のサイズに合わせて間仕切り板を入れることで，学習道具ごとに整理して収納することができる
- 子ども達と相談をしながら，お道具箱には使用頻度の多い学習道具のみを入れ，授業中にスムーズに取り出しやすくなるようにする
- 必要に応じて，間仕切りした空間に学習道具の名前を書いた画用紙（イラストなど）を入れることで，同じ場所に収納できるようにする

🌸 間仕切り板で立体的に支援する工夫

お道具箱は，学習道具を出し入れしたり，箱ごと移動させたりすることが多いため，中がゴチャゴチャしてしまいがちです。中に入っている学習道具が重なったり，一箇所に集まったりしないよう，間仕切り板を使用することで，立体的に空間を仕切ることができます。

🌸 使用頻度の多い学習道具を優先的に入れよう

お道具箱の中に使用頻度が少ない学習道具を入れておくと，空間の密度が高くなり，取り出したい道具を探すのに時間がかかってしまいます。使用頻度の多い学習道具を精選して収納するようにします。

間仕切り板を入れることで立体的にスペースを仕切ろう

学習道具のサイズによって間仕切り板の長さを調節しよう

収納

131

55 収納

見本を見て入れるだけで整頓できる
お道具箱見本シート

❋ 指導・支援のポイント

- お道具箱に何を入れるのかを視覚的に理解できるように見本シートを使用する
- 撮影する際は，箱の表紙が見えるように撮ると，使用するときと同じ見え方になるので理解しやすい
- 必要に応じて見本シートの下にすべり止めシートを入れる

❋ 見本シートを作成しよう

　子ども達のお道具箱のサイズに合うように見本シートを作成します。面積の広い学習道具（クレヨンの箱，色鉛筆の箱など）を下に置きます。整頓したいすべての学習道具を撮影できるようにできる限り並べます。お道具箱の真上から撮影をしてＡ４サイズで印刷をするとほぼ原寸大になります。ラミネート加工をして長期間使用できるようにします。

❋ 左右のお道具箱を使い分けよう

　お道具箱とお道具袋のどちらを使用した方がスムーズに出し入れできるかを子ども達と確認します。お道具箱を使用する場合には，左右のお道具箱で入れる学習道具を決めておくと，取り出すときにスムーズになります。

上から写真を撮り，A4サイズでラミネートしよう

見本を見て上に置くだけで整頓することができる

収納

56 収納

忘れ物を予防する
どこにあるかな確認シート

🌼 指導・支援のポイント

- 持ち物が多いときには，一度並べて確認すると忘れ物の予防になる
- お道具箱の中には，必要最低限の学習道具のみを入れるようにすることで，なくし物・落とし物になるのを予防する
- 文字が読める子には，積極的に文字を使い，獲得した知識を生活の中で活用できるようにする

🌼 収納するものを並べて確認しよう

　金曜日など，ランドセルや手提げ袋に入れるものが多い日には，持ち物を並べて確認できるようにします。特に名前が似ているもの（体操着袋，上履き袋，給食袋など）は，教師の声かけだけでは忘れてしまうこともあるので，置いて確認するようにします。

🌼 文字を読んで生活をしよう

　学習して覚えた文字があるときには，写真やイラストの視覚的支援だけでなく，ひらがなで道具の位置を示すなど，積極的に文字を使った支援も行いましょう。読める文字が増えていくと，より便利に生活することができます。また，学習した文字を生活の中で，復習する機会の提供にもつながります。

金曜日は持ち帰るものがいっぱいなので机の上に並べよう

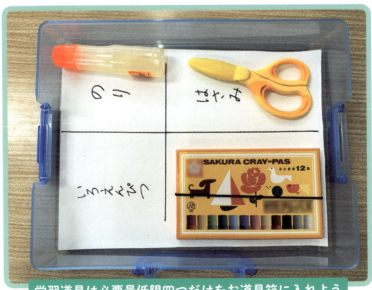
学習道具は必要最低限四つだけをお道具箱に入れよう

収納

57 収納

授業をスムーズにする
教材棚

指導・支援のポイント

- タオルはコンパクトに丸める，教材は学習内容ごとにファイルの色を分けるなど，教材棚を活用することで教師の探す時間が短縮され，子ども達の待ち時間を減らすことができるようにする
- 使用しない棚は無地の布や構造紙で隠すことで，視覚刺激を軽減する
- 子ども達と一緒に約束をして，「ここは開けない」など，約束を守ることができるようにする

学年で連携して使用しやすくなる教材棚

　教材を収納するときは，子ども達だけではなく，教職員もわかりやすいようにします。なるべく同じ種類のファイルを使用する，学習内容ごとに色を分けるなどの工夫をすることで，整頓・連携をしやすくします。教材を使用したあとは，元の場所にしまうだけで授業の準備がスムーズになります。

目隠しを効果的に使用しよう

　棚やロッカーが余ることがあります。使用しない棚は，無地の布などをつけて目隠しをしておくと，視覚刺激を軽減しつつ，不要な教材などを収納しておくことができます。

教材はファイルに収納することで取り出しやすくする

使用しない棚は無地の布や模造紙で隠そう

収納

58 年度末　　　　　　　　　　　　　　　　　　　　　　　全体 個別

廊下を歩くだけで笑顔になる
桜並木

🌸 指導・支援のポイント

- 3月には卒業式，4月には入学式，進級や進学に向けて，子ども達がお祝いの気持ちをもつことができるように壁面製作する
- 生活単元学習，自立活動，図画工作などと関連づけながら，桜の木の製作が行えるようにする

🌸 お祝いの気持ちを作品に込める

　自分や友達の成長に喜びを感じられるように，明るい作品をつくります。「お別れで寂しい」気持ちもありますが，「応援しているよ」「成長が嬉しいね」などの前向きな気持ちで，それぞれの進路に進んでいけるように，作品のテーマや色合いを決めます。天井に飾るときには，消防や安全に気をつけながら，掲示期間や掲示場所を学校全体で相談して決めましょう。

🌸 効率よく活動するための工夫

　お祝いやお礼など，気持ちを伝える活動では，子ども達全員が活躍できる環境を整えます。今回の事例では，「のり」を「色つきの見やすいのり」にすることで，のりをつける担当，お花紙を貼る担当に分かれて製作をすることができました（色つきのりは，乾くと無色になるものがおすすめです）。

天井から掲示をすると桜並木になる

色つきのりを使用すると見やすい！貼りやすい！

59 年度末

子ども達への愛情たっぷりメッセージ
黒板アート

指導・支援のポイント

- 絵や文字で記憶に残りやすいメッセージを伝える
- 年度や学期のはじまりやおわりに黒板にメッセージを書くことで，期待感や安心感をもてるようにする
- 子ども達が理解できるイラストや文字を使用する

注意や指示と安心感や期待感を大切にしよう

　子ども達が学級に入ったときに，「明確な指示」があると自分で行動することができます。例えば，「自分の名前がある席に座ってください。ランドセルは机の上に置いて待ちます」など，子ども達が朝の時間に何をすればいいのか困らないようにすることが大切です。教卓やホワイトボードなどに記して指示・支援をしましょう。そして，子ども達が期待感や安心感をもつことができるようにメッセージを書きます。絵を描いて印象的にすることで記憶に残りやすいようにすると効果的です。

プロジェクターを活用すると絵を描きやすくなる

　「絵が苦手です……」と悩んでいる方は，ぜひ，プロジェクターで投影をしながら描いてみてください。文字やイラストが描きやすくなります。

年度や学期のはじまりやおわりに愛のメッセージ

60 年度末

愛情たっぷり感謝いっぱい
祝福の壁面製作

🌸 指導・支援のポイント

- お祝いの気持ちを作品にして表現をする
- 教室環境の整備と同時に，あたたかい声かけを増やす
- 教職員や子ども達のみんなが参加できる取り組みをする

🌸 教室の後ろや廊下を有効活用しよう

　3学期はあっという間に過ぎてしまうため，卒業生へ感謝や祝福を伝えられるように，2月末頃には掲示をします。在校生は気持ちを伝え，卒業生は中学校へ向けて気持ちを高められるようにします。教室後ろの壁面には，思い出の写真や作品を掲示すると，楽しかった記憶を思い出しやすくなります。

🌸 年度末から年度はじめにつなげていく

　子ども達と一緒に壁面製作をしながら，祝福のメッセージを伝えていきます。年度末と年度はじめで別々の製作になってしまうと，授業時間も勤務時間もたりなくなってしまうので，3月に飾った作品に追加をして4月にも飾れるような工夫をします。例えば，「卒業や入学の文字が取り外しできる」「6年生向けの花びらを外し，1年生向けの蝶々などをつける」など，少し手を加えるだけで，長く大切に作品を活用することができます。

6年間の成長を祝福する黒板メッセージ

廊下にダイナミックに掲示した桜の木

年度末

【著者紹介】
いるかどり

【本書にご協力いただいた先生方】
Knot a smile
公立小学校　Riona 先生
公立小学校　tsuki 先生
山梨県甲府市立国母小学校　武井 恒 先生
千葉市立高洲第三小学校　前野 美夢 先生
県立特別支援学校　滝澤 健 先生
県立特別支援学校　神 先生
公立小学校　keika 先生

【参考書籍】
文部科学省『小学校学習指導要領解説総則編』平成29年7月
文部科学省『特別支援学校教育要領・学習指導要領解説総則編（幼稚部・小学部・中学部）』平成30年3月
静岡教育サークル「シリウス」編著『学級力がアップする！教室掲示＆レイアウト　アイデア事典』明治図書出版 2014年
家本芳郎『みんなでとりくむ教室デザイン＆掲示　教室づくりの教育学』学事出版 1999年

特別支援学級の教室環境＆アイテム
子どもの「できた！」が増えるアイデア集

2025年3月初版第1刷刊　Ⓒ著　者　い　る　か　ど　り
2025年5月初版第3刷刊　発行者　藤　原　光　政
　　　　　　　　　　　発行所　明治図書出版株式会社
　　　　　　　　　　　　　　　http://www.meijitosho.co.jp
　　　　　　　　　　　（企画）佐藤智恵（校正）nojico
　　　　　　　　　　　〒114-0023　東京都北区滝野川7-46-1
　　　　　　　　　　　振替00160-5-151318　電話03(5907)6703
　　　　　　　　　　　　ご注文窓口　電話03(5907)6668

　　　　　　　　　　　組版所　広 研 印 刷 株 式 会 社
＊検印省略
本書の無断コピーは、著作権・出版権にふれます。ご注意ください。

Printed in Japan　　　　　　　ISBN978-4-18-147144-6
もれなくクーポンがもらえる！読者アンケートはこちらから →